「心理的柔軟性」が困難を乗り越えるチームに変える

心理的

安全性のつくりかた

石井遼介 著

日本能率協会マネジメントセンター

はじめに

「それ、おかしくないですか？」
「私はこうした方がいいと思います。なぜかと言うと……」
「ちょっとわからないので、教えてもらえませんか？」

このように率直に意見を言い、また質問をする。それだけのことですが、これがチームの成果を左右するくらい、実は重要なことなのです。

本書がテーマにしている**「心理的安全性」とは、このように組織やチーム全体の成果に向けた、率直な意見、素朴な質問、そして違和感の指摘が、いつでも、誰もが気兼ねなく言える**ことです。

一見すると普通のことですが、組織・チームでこれを行うのはとても難しいのです。

ただ率直に発言することの、何が難しいのでしょうか？

自分が上位役職者で、実績も経験も十分で、直近の業績が良ければ、率直に意見を言うことは、簡単なことです。

しかし、仕事人生を振り返ってみてください。

新人の頃、何となく違和感があったけれど「相手はベテランの先輩だから……」と指摘できず、後で大きなトラブルになりかけて、「やっぱり自分の違和感は正しかった」と感じたことはなかったでしょうか。

上司の指示がよくわからず、しかし質問をしづらくて、やるべき事が曖昧なまま見当違いの方向で努力してしまい、後で怒られたこともあるのではないでしょうか。

率直に意見を言うこと、質問をすることが、状況や立場にとっては、とても難しかったことが思い出せるでしょう。

チームの一人一人が、率直に意見を言い、質問をしても安全だと感じられる状況、つまり心理的安全な状況をつくることは、実は難しいのです。

そして、この**人々が率直に話せる状況を作ることが、激しく変化し続ける時代における組織とチームの未来をつくるために、重要な仕事**なのです。

さまざまな研究が、この**心理的安全性によって、効果的な組織・チームが作れる**ことを示しています。

Googleによって知れ渡った「心理的安全性」

Googleは2012年に立ち上げたプロジェクト・アリストテレスの中で、4年の歳月をかけ「効果的なチームは、どのようなチームか」を調査・分析しました。

Googleのリサーチチームが見出したのは、真に重要なのは「誰がチームのメンバーであるか」よりも**「チームがどのように協力しているか」**だということでした。そして、さまざまな協力の仕方がある中で**圧倒的に重要なのが「心理的安全性」**であり、心理的安全なチームは**離職率が低く、収益性が高い**と結論づけています。[1]

ビジネスの世界にこの知見を広めたのはGoogleですが、もちろんGoogleだけの話ではありません。

米国組織行動学会をはじめとして、さまざまな学会誌にチームの心理的安全性の研究成果が発表されています。20年以上のチームの心理的安全性研究の結果、「業績向上に寄与する」「イノベーションやプロセス改善が起きやすくなる」「意思決定の質が上がる」「情報・知識が共有されやすくなる」「チームの学習が促進される」と、ビジネスにおいて有効であるという証拠が次々と報告[2]されています。

ビジネスだけではありません。命を救うために一刻一秒を争う医療現場、新生児集中治療室の研究においても、**「心理的安全な医療チームは、やり方への習熟が早く、手術の成功率が高い」**[3]という成果が示されています。

医療現場の例でもわかるように、心理的安全性は「余裕があって、安定しているチームだから、はじめて導入できるもの」ではありません。

むしろ、私たちがいま現在直面しているような、激しい環境変化が巻き起こり、変化しないといけないような、余裕の無いチームが効果的に活動するためにこそ重要なのです。

危機の時代にこそ「心理的安全性」が必要

2019年末に発生した新型コロナウイルス（COVID‐19）は、わずか数ヶ月のうちに中国をはじめとして、世界中に広がりました。多くの国々で都市封鎖・外出自粛要請が行われ、世界中の人々の移動が止まり、甚大な影響を受けました。日本でも緊急事態宣言が発令され、数ヶ月前には誰も予測のできなかった変化が押し寄せました。

そんなＶＵＣＡ[4]とも言われる、複雑で不確実な、先の見えない・変化の激しい時代を、すでに私たちは生きています。このような、不確実性の高い、いわば「正解のない」世界において、私たちの組織やチームは、どう対応していけばよいのでしょうか。

まずは、正解が「ある」時代のことを考えてみましょう。正解がある時代とは、過去の成功から未来の成功が予測できるような時代のことです。

例えば、フォルクスワーゲン・タイプ１。通称「Beetle」とも呼ばれるこの車は、１９３８年に製造され、改良が加えられながらも２００３年までの65年間生産が続けられ、２０００万台以上が生産されました。フォードのＴ型は、それより以前、１９０８年に販売され、その後約20年間、大きなモデルチェンジもないまま１５００万台を生産しました。[5]

このように「作れば、売れる」ような正解がある時代、あるいは正解が正解であり続ける期間にあっては、速く、安く、ミスなく正確につくれるチームが、優秀なチームでした。

一方、正解のない時代は、昨日までの正解が今日も正解であるとは限りません。

そのため、クイックに行動しながら「暫定的な正解」を模索すること、実験や挑戦をして、失敗から学ぶという姿勢が大事です。

そして、市場の変化の兆候をつかみ、自社組織ではまだ気づいていないが、市場ではすでに時代遅れになっている「過去の成功法則」から、解き放たれる必要があります。

これら、正解のあった時代と、正解のない時代とを比較すると、次の表[6]のようになるでしょう。このようなチームにあっては、マネジメントのスタイルも変わります。

このように「これまで」と「これから」、二つの時代を対比させることで、あらためて心理的安全性が低いチームは、挑戦や率直なディスカッションを抑制する、過去のパラダイムだと理解できるのではないでしょうか。

「これまで」の仕事が求められるチームはますます減っていきます。世界の変化の速さと複雑さが「これから」の仕事の要求に拍車をかけるのです。だからこそ、「挑戦・模索」からチームの学習を促進する、チームの心理的安全性の重要さが日に日に増しています。

筆者自身にとっても「よいチームをつくる」こと、「率直に話してもらう」ことは切実なテーマでした。メンバーとしてだけではなく、実際に役員、事業部長、プロジェクトマネジャーとして、苦労をしたからです。

例えば、マネジメントしていた事業で大きなトラブルがあり、現場へ行って工場のメン

		正解のある これまでの時代	正解のない これからの時代
人材・チーム	優秀なチーム	早く、安く ミスがないチーム	模索・挑戦し、 失敗や実践から学べる
人材・チーム	必要な人材	言われたことが きちんとこなせる	変化を感じ、工夫や 創造することができる
人材・チーム	コミュニ ケーション	トップダウン	さまざまな視点から の率直な対話
マネジメント	目標設定 の仕方	昨年対比で数%向上	現状の延長線上にない 意義あるゴール設定
マネジメント	予算の配分	選択と集中	探索と実験
マネジメント	努力の源泉	不安と罰を与える	適材適所と働く意味、 そしてサポートを与える
マネジメント	チームへの スタンス	いま儲けろ	未来を作ろう！

図 0-1：これまでの時代とこれからの時代

バーやパートさんから生の情報を集めようとしたのですが、これがまったくうまくいきませんでした。「石井さん、本当に申し訳ございません。今後はこのような事がないよう気をつけます」と謝罪はされるのですが、「どのように」トラブルが起きたのか、原因は話してもらえません。解決に繋がる情報も得られず、クライアントへの報告期限を前に、顔が青くなる思いをしました。今から思えば、彼らにとって、トラブルが起きて急に本社からやってきた私の前は「心理的安全性が低い」場だったのです。

私はアカデミアでの研究と、自分自身のビジネス現場での実践を両輪として、このテーマに取り組みました。具体的には、慶應義塾大学システムデザイン・マネジメント研究科および日本認知科学研究所で、心理学、組織開発、人材開発、幸福学の最先端のアカデミアの知見に触れながら、一つ一つのチーム、プロジェクト、現場にその知見を活用していきました。

今では、株式会社ZENTechで代表取締役を務めながら、それらの研究と実践自体をビジネスとして、心理的安全性の知見、組織診断サーベイ『SAFETY ZONE®』、そして組織開発コンサルティングをクライアントに提供しています。

中でも「心理的安全性 認定マネジメント講座」というプログラムでは、講義でアカデミアの理論をお伝えするだけではなく、講義と講義の間の数週間、受講生がそれぞれの現場で心理的安全性を向上させ、成果の出るチームに向けてさまざまな取り組みを行い、それをまた講座に持ち帰るという実践を続けています。

この実践から、変化の時代に、チームに心理的安全性を生み出すために必要なのは、単なる読みやすいノウハウ集ではなく、理論と体系に裏付けられた実践だとわかっています。

一つ一つ異なるチームに対し、柔軟に役に立つアプローチができるリーダーシップとしての「心理的柔軟性」と、人々の**行動をより良く変えるための理論・体系である「行動分析・言語行動」**まで、深く踏み込んだのは、そのような理由からです。

本書では、大企業の取締役・部課長から、人事・経営企画の責任者、そしてベンチャーの経営幹部まで、さまざまな立場や業種の100人以上の修了生によってテストされた、現場で効果的に使える「理論と実践」を凝縮してお届けします。

いま現在、チームを率いるマネジメントの方や、よりよい組織へと変革したいと思っている方の、「心理的安全な組織・チームづくり」に役立てていただけたら幸いです。

2020年8月

石井遼介

Contents

心理的柔軟性を身につける❶

変わらないものを受け入れる――101

Contents

Contents

第5章 心理的安全性 導入アイデア集――267

Contents

Contents

第1章 チームの心理的安全性

Psychological Safety

チームの心理的安全性とは？

ハーバード大学教授のエイミー・C・エドモンドソンは、1999年に「チームの心理的安全性」という概念を打ち立てました。これまで8000回以上引用されたその論文の中で、「**チームの心理的安全性とは、チームの中で対人関係におけるリスクをとっても大丈夫だ、というチームメンバーに共有される信念のこと**」[1]だと定義しました。[2]

しかし、この定義は少しアカデミアに寄りすぎていて、これから組織・チームに「心理的安全性」をもたらそうという現場のマネジャーが使うには、難しい定義なのではないでしょうか。現場でより使いやすい概念・定義として、チームの心理的安全性を整理してみましょう。

心理的安全なチームとは、一言でいうと「**メンバー同士が健全に意見を戦わせ、生産的**

でよい仕事をすることに力を注げるチーム・職場のこと」です。心理的安全性という概念に関係なく、当然のように重要なことだと思われたかもしれません。

しかし、ほとんどの職場に、自然と生じてしまう「**対人関係のリスク**」が「**健全に意見を戦わせ、生産的でよい仕事をする**」**ことを阻害**してしまうのです。だから組織の誰もが生産的でよい仕事をすることを願っていたとしても、組織・チームはおのずと心理的安全ではないチームになってしまいます。よりイメージを膨らませるために、**この対人関係のリスクの高いチーム、つまり心理的「非」安全なチーム**を見てみましょう。

心理的「非」安全性について考える

人々はチームとして働く中で、どんな時に「対人関係のリスク」を感じるのでしょうか。対人関係のリスクとは、自分の発言やアウトプットについて、チームの他のメンバーから「こんな風に思われるかもしれない」とか、「こういう仕打ちを受けるかもしれない」という、「**良かれと思って行動しても、罰を受けるかもしれない**」リスクのことです。

「別に、ウチのチームでは罰なんて与えていない」と思われるかもしれません。しかし、ここでいう罰とはちょっとしたもので、その一つ一つは小さな行動なのです。

例えば「全社方針」にしたがって、せっかくやってみた、新しいチャレンジや意見に「それ、ほんとにうまくいくの？」と訝しげにたずねられたり、企画段階ではうまく通っても、結果として失敗してしまったら、評価が下がったり……。

心理的「非」安全なチームでは、どのような罰を受けるリスクがあるか、実際にチームで働く人々に聞くと、次のようなリスクが挙げられました。みなさんの職場でも、もしかしたら目にするものがあるかもしれません。

それ うまく いくの？
うまくいくの？
こんな 課題が
じゃ やって
報告は仕事が増えるだけ
誰の せいなの？
犯人探し
意見が 合わない
意見対立で人間関係にヒビ

図 1-1：罰を与えるチーム

- 同僚に依頼している仕事を、そろそろ仕上げてもらわないと納期に遅れてしまうが、リマインドすると面倒な奴だと思われてしまうリスク（だから、同僚からのアクションをイライラしながら待った）
- 率直に意見を言うと、空気が壊れたり、自分が嫌われたりするリスク（だから、言わなかった）
- お客さまの要望をきちんと理解して提案するために質問をしたいが、聞くと「何も知らない人だ」と思われるリスク（だから、聞いたほうが成果が出ただろうけれども、聞かなかった）
- 議論が空中戦になっているので、各メンバーの発言の意図を聞いたり、使っている言葉の定義を整理したいが、面倒な人だと思われるリスク（だから、議論を黙って見ていた）
- 現場から離れて長い上司の感覚と、現場を見てきている自分の感覚では、かなりの乖離があるので、率直に意見をしたいが、失礼な部下だと思われるリスク（だから、今回も上司の方針にしたがった。後日「やっぱり」と思う出来事があった）

エドモンドソン教授は、大きく四つのカテゴリ「無知」「無能」「邪魔」「否定的」だと思われるリスクを、対人関係のリスクとして整理[3]しています。

- **「無知」だと思われたくない**→必要なことでも質問をせず、相談をしない
- **「無能」だと思われたくない**→ミスを隠したり、自分の考えを言わない
- **「邪魔」だと思われたくない**→必要でも助けを求めず、不十分な仕事でも妥協する
- **「否定的」だと思われたくない**→是々非々で議論をせず、率直に意見を言わない

対人関係のリスクとはいま見てきたように、**「チームの成果のためや、チームへの貢献を意図して行動したとしても、罰を受けるかもしれない」という不安を感じている**状況のことを言います。行動すると、罰せられるのだったら、行動しないほうがマシ。だから、このようなリスクに怯える**心理的「非」安全な職場では、いつのまにかメンバーは必要なことでも行動しなくなってしまう**のです。

このように行動をしなくなる心理的「非」安全な職場は、「チームの学習」という観点で、大きく次の二つの問題があります。

1 挑戦することがリスクとなるため、実践し、模索し、行動することから学ぶということができなくなる

2　個々のメンバーが気づいていたり知っていたりすることを、うまくチームの財産へと変えることができない

つまり、チームというよりも分断された個人の集合（グループ）となってしまい、個人の学びはチーム・組織の学びとならないのです。

逆に「心理的安全な職場」では、このような罰や不安と戦ったり、忖度することにエネルギーを使う代わりに、「健全に意見を戦わせ、生産的でよい仕事をすること、成果を出すことに力を注げる」チームとなります。

ここまでで、心理的安全性が低いチームと高いチームを比較すると、次頁の図のようになるでしょう。

心理的安全性の向上＝学習するチームをつくる

「心理的安全性」を確保するメリットには、どのようなものがあるのでしょうか。

心理的安全性の高いチームと低いチームとを比べると、心理的安全性の高いチームのほ

うが**中長期でより高いパフォーマンスを出していました。**その原因を探ると、**心理的安全性の高いチームの方が、よりチーム内での学習が促進されていたのです。**それが結果的にパフォーマンスにつながったことが明らかになっています。

つまり、チームの心理的安全性はチーム内の学習を促進することで、パフォーマンスという成果を生み出すのです。

心理的安全性には、他にもさまざまなメリットがありますが、**最も重要な心理的安全性の確保のメリットは「チームの学習」が促進されること、**といえます。

ここで大切なことは、**チームの心理的安全性は、あくまでチームパフォーマンスの先行**

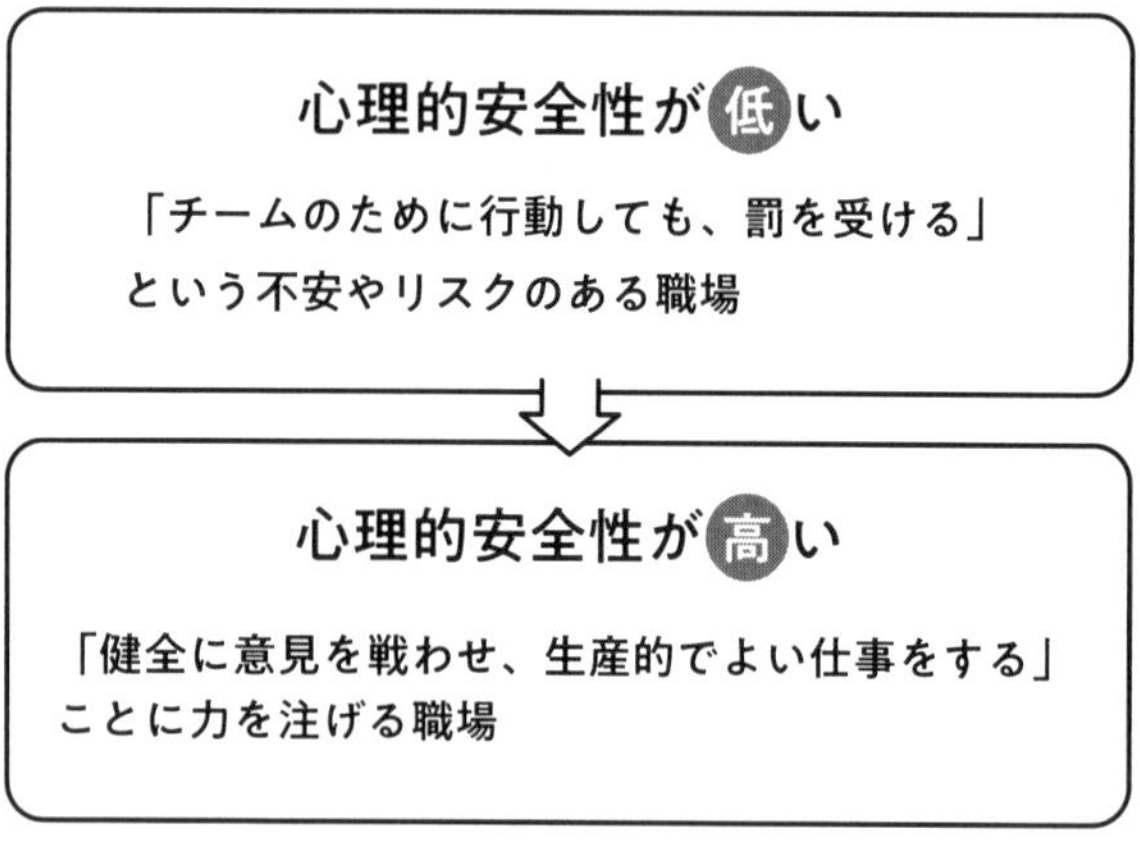
心理的安全性が低い
「チームのために行動しても、罰を受ける」
という不安やリスクのある職場
心理的安全性が高い
「健全に意見を戦わせ、生産的でよい仕事をする」
ことに力を注げる職場

図1-2：心理的安全性が高い職場

指標であるということです。つまり、**心理的安全性は、まず「チームの学習」を促進し、実際にパフォーマンスが上がるのは、中長期的**なのです。

そのため心理的安全性の向上を目指して、すぐに成果が現れないからといってやめてしまうのは、非常にもったいないと言えます。

そもそも「チーム」とはなにか

ここまで「チーム」という言葉を何度か使ってきました。私たちが今では職場で、当たり前に使うチームという言葉について、マサチューセッツ工科大学（ＭＩＴ）のオスターマン教授はこんな風に述べています。

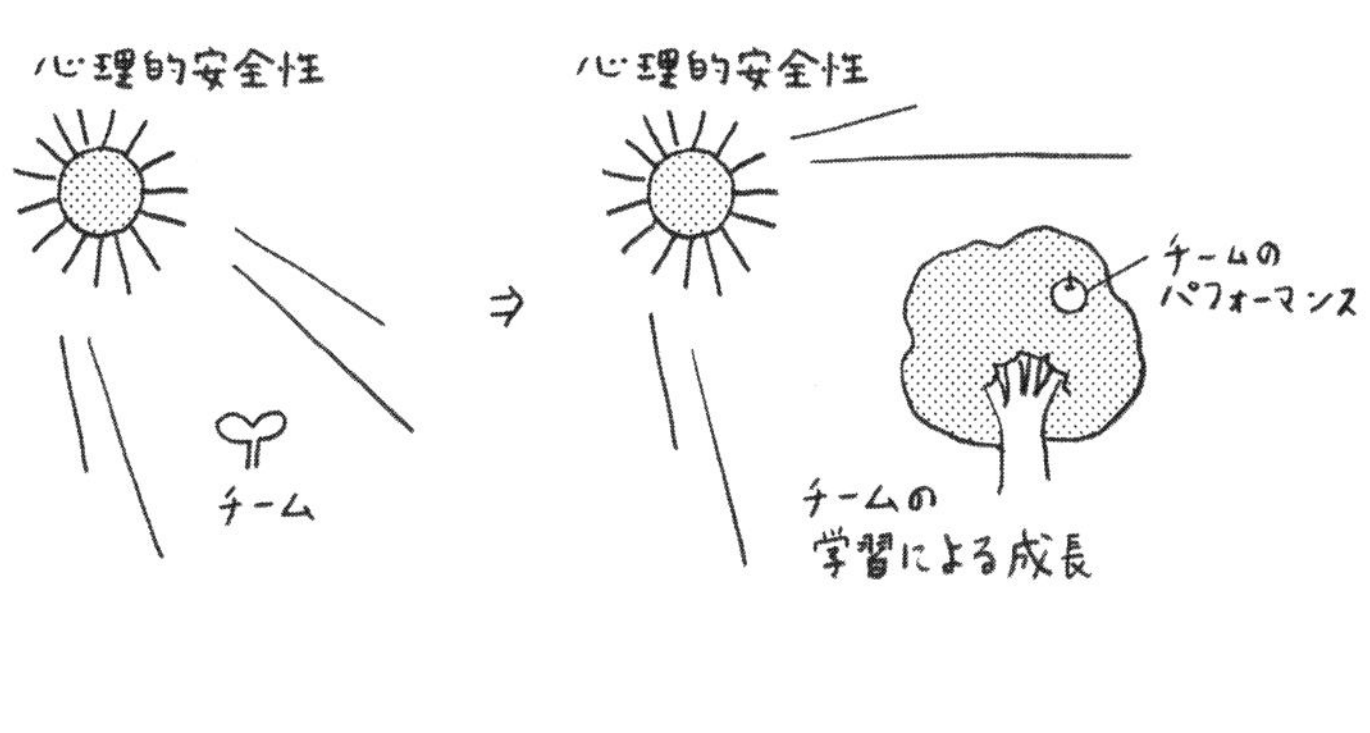

図 1-3：心理的安全性がチームの学習を促進する

「職場における、**チームという概念それ自体が、1980年以降、最も広まったイノベーションのひとつだ**[4]」

つまり、スポーツではなく、職場でチームという考えが導入されたのは、人類の労働の歴史からすると、比較的最近のことなのです。

この「チーム」とは一体何のことを指しているのか考えてみましょう。

例えば、あなたがひとりで講演会に参加して、同じテーブルの左右には、知らない人が座っている。そんなシーンをイメージしてみてください。講演が始まり、登壇者が、こんな風に声をかけます。

「同じテーブルの、左右3人でチームを作ってください」

果たして、このテーブルの3人は「チーム」でしょうか。少なくとも、左右を見渡して、遠慮がちに会釈したこの3人には「チーム感」は無いはずです。それでは、どうしたら、単なる人の集団、すなわちグループは、チームへと変わるのでしょうか。

それは図のように、「**互いにアイデアを生み出す。ともに問題に取り組む。ともに目標やゴールに向かうという活動があって、チームになる**[5]」のです。

人々が、たどり着きたい場所や抱えている課題について率直に話し、決めたことを試し、トラブルにあっては助け合い、個々人の強みや持ち味を活かしながら前に進みます。それぞれが健全に依存し合う相互作用の中で、**単なる人の集合体は「チーム」へと変わっていくのです。**

リモートワークとチーム

新型コロナウイルス対策の一環として発令された緊急事態宣言によって、いくつかの業種の職場はリモートワーク（テレワーク・在宅ワーク）へと移行を余儀なくされました。その際、著者の登壇したイベントでも「リモートワーク、どうしたらいいんだろう」という困惑の声がさまざまなところから聞かれました。

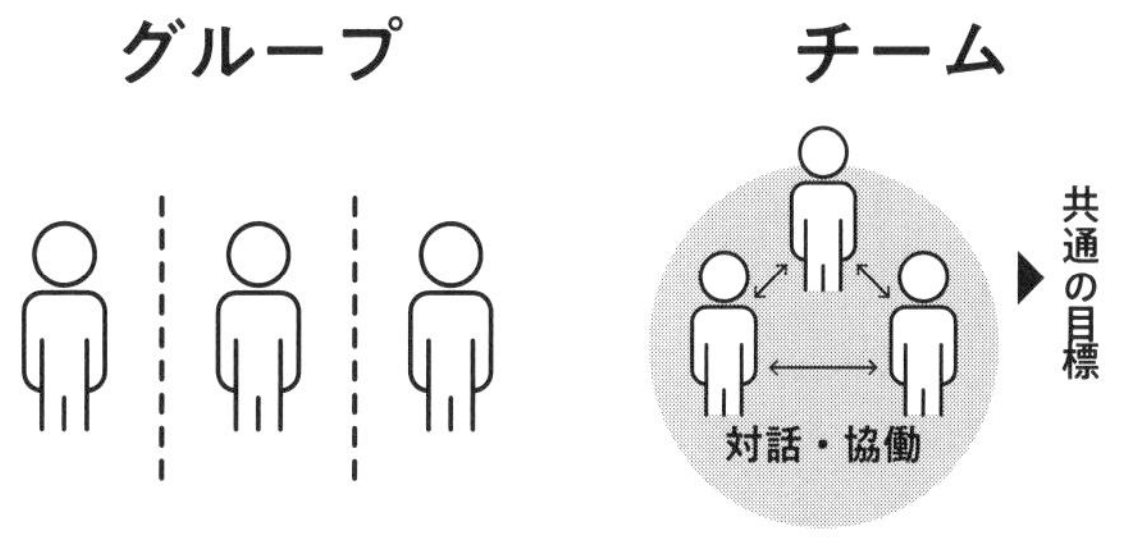

図 1-4：グループからチームへ

いろいろな話の中で最も重要だと感じたのは、**「リモートワーク前に単なるグループだったなら、それはオフィスという場所が人々を繋いでいただけだから、リモートになればバラバラになる。チームになっていたなら、リモートシフトが起きたとしても、オンラインで対話・協働が続けられる」**というものです。

そうすると「グループ」であれば、まずは人間関係やチームビルディングや、いかにして心理的安全性をもたらすことができるかが課題になります。

一方、すでに「チーム」になっていたとしたら課題となるのは、オンラインで協働を促進する、回線速度であったり、ツールや仕組み・制度となるでしょう。

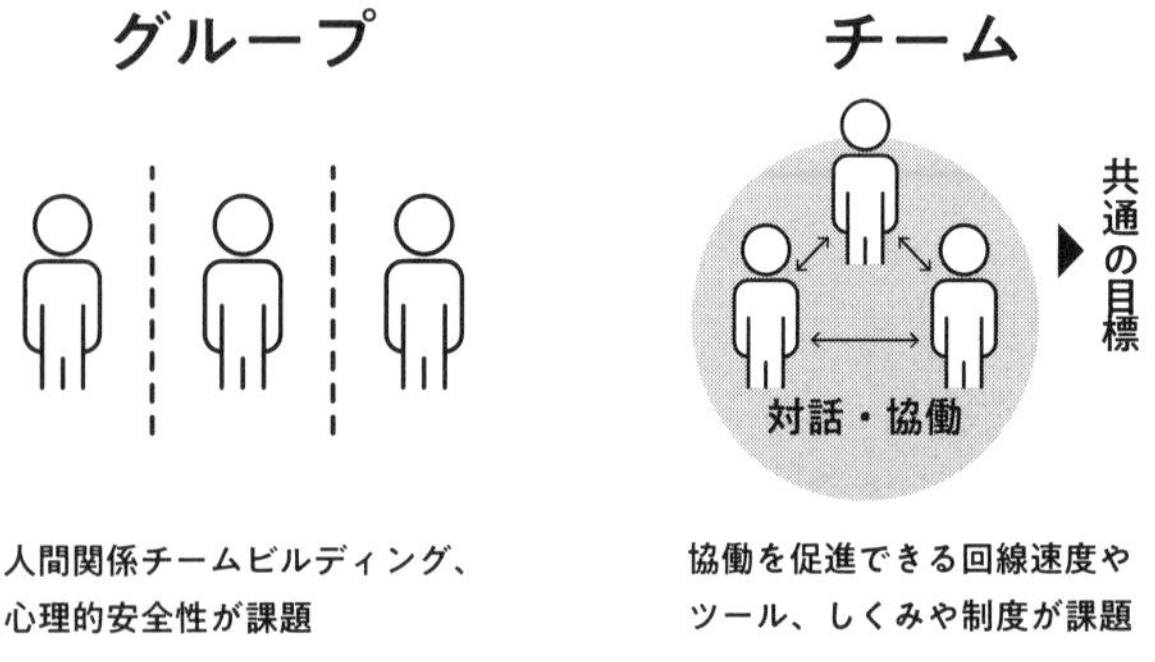
グループ
チーム
共通の目標
対話・協働
人間関係チームビルディング、
心理的安全性が課題
協働を促進できる回線速度や
ツール、しくみや制度が課題

図1-5：グループとチームのリモートワークの課題

リモートワークは、すでにあった「チームになれていない」という問題を明示化しただけです。すでにリモート以前から問題は始まっていました。そして、そうしたチーム以前の人間関係の中では、部下を信用できない上司が、常時監視ツールや定期報告などマイクロマネジメントを行い、さらに信頼と生産性を奪っていくのです。

心理的安全性のよくある誤解

「心理的安全性」という言葉は、字面や表面だけを捉えると誤解を生みがちです。**心理的安全なチームというのは、外交的であることでも、アットホームな職場のことでも、単に結束したチームのことでも、すぐに妥協する「ヌルい」職場のことでもありません。**

例えば、「結束したチーム」はスポーツの文脈で良く語られ、目標に向かって一致団結する姿がチームの理想として認識されています。

しかし裏を返せば、**「結束したチーム」は実のところ、異論を唱えることが難しいチーム**ともいえます。心理的に安全なチームはむしろ、チームメンバー大勢の意見が一致しているように見えるときでさえ、「それは違うと思います」と容易に反対意見が言えるチームのことなのです。

「心理的安全性」の**誤解の最たるものが「ヌルい職場」**といったものではないでしょうか。つまり、人間関係は和気あいあいとしているが、締切も守らず、ストレッチした仕事もせず、コンフォートゾーンの中にいる、といった職場です。

この誤解は「安全」という言葉を日常的な意味でそのまま捉え、「何もしなくても安全」「努力しなくても安全」と解してしまったことに起因します。

しかし、**心理的安全性はチームのためや成果のために必要なことを、発言したり、試してみたり、挑戦してみたりしても、安全である（罰を与えられたりしない）**ということなのです。

実は、この「ヌルい職場」という誤解を解き、心理的安全性を機能させる上で重要なのが「仕事の基準」（スタンダード）という考え方です。まずこの仕事の基準について解説した上で、「基準」と「心理的安全性」の関わりについて見ていきたいと思います。

高い基準（ハイ・スタンダード）の仕事

仕事の基準が低いチームは、単純に余裕があって困っていないケースも多くあります。売上の多くを稼ぐ部署が別にあって、期限もなく「なにか新しい事業をつくりたい」といった漠然とした取り組みをしている場合もあるでしょう。あるいは法律や制度に守られていたり、変化が少ない市場の中で大きなシェアを過去数十年持ち続けている。こうした場合、仕事の基準は低くなる傾向にあります。

組織やチームを率いるリーダーが、基準の低い仕事を見つけたら引き上げていかなくてはいけません。メンバー間に蔓延する「まあ、このくらいでいいか」という仕事を見過ごせば、成長を求める優秀な人材は、見切りをつけてしまうでしょう。

それでは、メンバーに示すための「高い基準（ハイ・スタンダード）の仕事」は、どう定義したらよいでしょうか。

「仕事の基準」を高く設定するためには、「目標を高く設定する」ことが大切だと誤解されがちですが、そうではありません。

ビジネスの現実では、人的リソース、設備、資金、そして時間が潤沢に使えるプロジェクトなど、ほとんどありません。１００％完璧に行うことなどできない中で、主にプロジェクトの締切・納期がトリガーとなって「妥協」する必要が出てきます。

ハイ・スタンダードとは、この妥協点が高いことを言います。[6]

したがって「来期、１００兆円売り上げるぞ！」という高すぎる目標設定をするが、期が始まってしばらくすると「とりあえず、昨対5％増を目標に……」などと、すぐに妥協するリーダーは妥協点が低く、その高い目標にメンバーが共感することもありません。

一方で、「今期、ここまで行こう」ときちんと目標を決めて努力し、あと半年では達成が難しいことが分かっても、粘り強く行動を増やしたり、新しいことを試したり、どんどんとノウハウをメンバーに共有したりするリーダーもいます。

目標を下げて現実に合わせるのではなく、こうした**妥協点を高く保ちながら、仕事を進化させていくリーダー**に、人は「ハイ・スタンダード」を感じます。そして、ハイ・スタンダードな仕事をするチームのメンバーは、たとえ困難でも達成に貢献しようと努力する一人となるのです。

心理的安全性×仕事の基準の4象限

ここからはエドモンドソン教授の表[7]を元に、著者が整理したマトリクスを使って、「心理的安全性＝ヌルい職場」という誤解を紐解くと共に、高い仕事の基準が「心理的安全性」をチームの学習や成果へと結びつける、ということを見ていきたいと思います。

下の表は、「心理的安全性」の高低を上下にとり、そして「仕事の基準」の高低を左右にとったマトリクスです。左上から、反時計回りに見ていきたいと思います。

ヌルい職場

心理的安全性という言葉から、人によっては想像されやすい「ヌルい職場」です。つまり、クオリティの低いアウトプットでも怒られず、納期も厳しくない職場は「心理的安全性は高いが、仕事の基準が低い」時に起きます。ヌルい職場になってしまうのは、心理的安全性が低いためではなく、**仕事の基準が低いこと**が原因です。

心理的安全性は高いので、人々はお互いに意見したり、協力したりします。そして楽しそう

		基準/Standard 低い	基準/Standard 高い
心理的安全性	高い	**ヌルい職場** コンフォートゾーン 仕事の充実感はない	**学習する職場** 学習して成長する職場 健全な衝突と高いパフォーマンス
心理的安全性	低い	**サムい職場** 余計なことをせず 自分の身を守る	**キツい職場** 不安と罰によるコントロール

図 1-6：心理的安全性と仕事の基準

に仕事をするのですが、仕事の基準は低いので、納期がただズルズルと伸びていったり、目標未達が続いても特に手を打たなかったりと、「ま、このくらいでいいか」というフレーズが人々の頭に浮かぶ組織・チームです。

このような「コンフォートゾーン」にいるとき、確かに仕事は大変ではないのですが、仕事そのものから得られる充実感はあまり感じられません。成長志向のビジネスパーソンは危機感を覚え、転職を考え始めるかもしれません。

サムい職場

同じように、「仕事の基準」が低いまま、心理的安全性も低くなった「心理的安全性が低く・仕事の基準も低い」カテゴリを見てみましょう。

このカテゴリは、心理的安全性が低いため、**「チームの成果のためや、チームへの貢献を意図して行動すると、罰を受けるかもしれない」というリスクある職場**です。その上、仕事の基準も低いため、**そのリスクを冒してまで他者と積極的に関わる必要がない**、というお互いに無関心なカルチャーの職場です。

次の「健全な衝突」という項目で詳しく触れますが、組織・チームに必要な意見の対立や相違が、この「サムい職場」では起きず、所属する人々は事なかれ主義へと落ちていきます。

成果を出すことよりも、仕事をしているフリをすることや、失点をつつかれない為に自分の弱さを隠すことへ注力し、言われたこと以上の仕事はしません。いわゆる「親方日の丸」だったり、B2Cで市場の独占・寡占が成立して「ウチは絶対に潰れない」という認識が強く、成果へのプレッシャーが低いと、このような「サムい職場」や、一つ前の「ヌルい職場」になりがちです。

キツい職場

一方、「心理的安全性は低いが、仕事の基準は高い」ような職場はどうでしょうか。これは、チームや組織からの助けや、相談に乗ってくれる人はいないが、高いノルマは課せられる営業チームを考えると、イメージしやすいのではないでしょうか。

「キツい職場」は、一見、「士気」が高く見える側面もあります。

しかし、「キツい職場」では本当に必要なはずの反対意見を述べたり、根本的な意義について問い直したり、目的を確認することは忌避されます。「余計なことは考えず、成果を出せ」と言われるのが、この「キツい職場」なのです。3章でも「罰や不安によるコントロール」の弊害については詳しく触れますが、心理的安全性の低い「キツい職場」では、

「罰を避けるため」にメンバーは努力します。

筆者が昔、目の当たりにしたことのある「キツい職場」（誰もが知っている日本の大企業）では、部長が「すぐ怒鳴る」「報告書のミスをあげつらう」など、いわゆる厳しく統治するマネジメントスタイルでした。一方で、部長は優秀な方でしたので、自分のスタイルでは、報告が集まらないことを自覚されていたのか、「悪い話しも報告はすぐ上げろ」と部下には厳しく命令していました。

部下からすると、報告しても怒られる、報告しなくても怒られるという地獄の始まりです。しかし、さらに状況は複雑化していきます。

課長が、部長の顔色やタイミングを見て「〇〇くん、今だよ。いま部長は機嫌がいいから、すぐ報告にいきなさい」と指示をしたり、部長が帰り際にエレベーターを待っているタイミングで、「『いま連絡があったのですが…』と伝えれば、部長も帰りたいので怒られても短時間で済む」といった「ライフハック」を生み出したのです。果ては、部内で共有回覧される「部長対策マニュアル」が整備されました。「クライアントと一緒に部長報告に行けば、クライアントの前なので怒鳴らない」「基本的に他人の意見は否定するので、情報を用意して自分で結論・方針を思いつかせる」などの詳細な記載まであるマニュアルです。

この内向きな仕事を、成果を上げる方向に向けられていたら、この部署はどれほど生産性が上がったことでしょうか。


この「キツい職場」式のマネジメントは、ついマネジャーが**「厳しく指導をしている」という実感と共に陥りがちなマネジメントスタイル**です。罰の大本である上司が、実際には細部まで監督しきるのは難しい上、上司が監督し切れない細部には魂が宿りません。さらに「上司対策」に時間が使われたりと、実はメンバーがポテンシャルを出し切るためのマネジメントコストが高いのです。また常に監督できなくなるため、リモートワークの状況で特にマネジメントが機能しにくいのが、この種の「キツい職場」なのです。

学習する職場

最後に、右上の**心理的安全性・仕事の基準ともに高い職場こそが「学習して成長する職場」**です。つまり、本書で私達が目指す、社会の変化にうまく対応し、挑戦や実践から学び、結果として成果の出る職場です。

言い方を変えれば、**心理的安全性を機能させるものが「基準の高さ」**であり、本書で目指すのは、単に心理的安全性が高い（けれども基準が低い）組織・チームではなく、心理的安全性も、仕事の基準も、双方が高い成果の出る組織・チームです。

「学習する職場」と心理的安全性の高低だけが異なる「キツい職場」と比較してみると明確になることがあります。それは、どのように高い基準を保つかということです。

高い基準を保つために、**「キツい職場」では罰や不安でメンバーを努力させます**。「成果を出せ、さもなくば……」というスタイルです。もちろん、このスタイルでも「サムい職場」よりは成果が出るかもしれませんが、この努力の一部は、怒られないためや自分の身を守るために使われてしまいます。

一方で、心理的安全性も仕事の基準も高い、この「学習と成長する職場」では、高い基準を保ち、人々を成果に向けて鼓舞するため、次の四つが努力の源泉となります。

- ［サポート］成果が出ていない時にも、罰や不安ではなく相談に乗ってくれたり、アイデアをくれたりする
- ［意義］組織・チーム・プロジェクトとして、大義や意味がある目標設定がされており、やりがいや成長実感が感じられる（4章「言葉で旗を立てる」で深掘りします）

- 「みかえり」まだ成果には至らなくとも、望ましい努力をしている時に承認や感謝を伝えてもらえたり、より適切な行動を促してもらえたりする（3章「行動分析」）
- 「配置」適材適所で配置されることで、自発的・自律的に努力できるようになる（3章「価値づけされた行動」）

このように**心理的安全性が高く、仕事の基準も高い組織では、実は「衝突（コンフリクト）」が促進**されます。

心理的「非」安全な職場にいた場合、「衝突」をできるだけ避けるように調整し、仕事をしてきたという方もいるかもしれません。しかし、「健全な衝突」はむしろ業績にプラスとなるのです。

健全な衝突（ヘルシー・コンフリクト）がチームを育てる

経営学の一分野である組織論では三つの「コンフリクト（衝突）」という概念を定義しています。

1　人間関係のコンフリクト
2　タスクのコンフリクト
3　プロセスのコンフリクト

1の人間関係はその名の通り、人の好き嫌いについてです。2のタスクは同じ問題や事象について意見が異なる、意見が衝突するということです。3のプロセスのコンフリクトとは、「それはウチの仕事ではありません」とたらい回しになってしまうような状況を言います。

複数の研究を横断し解析した論文では、この三つのコンフリクトは、基本的にはパフォーマンスに悪影響を与えると結論づけています[8,9]。

しかし、実は「心理的安全性が担保されて

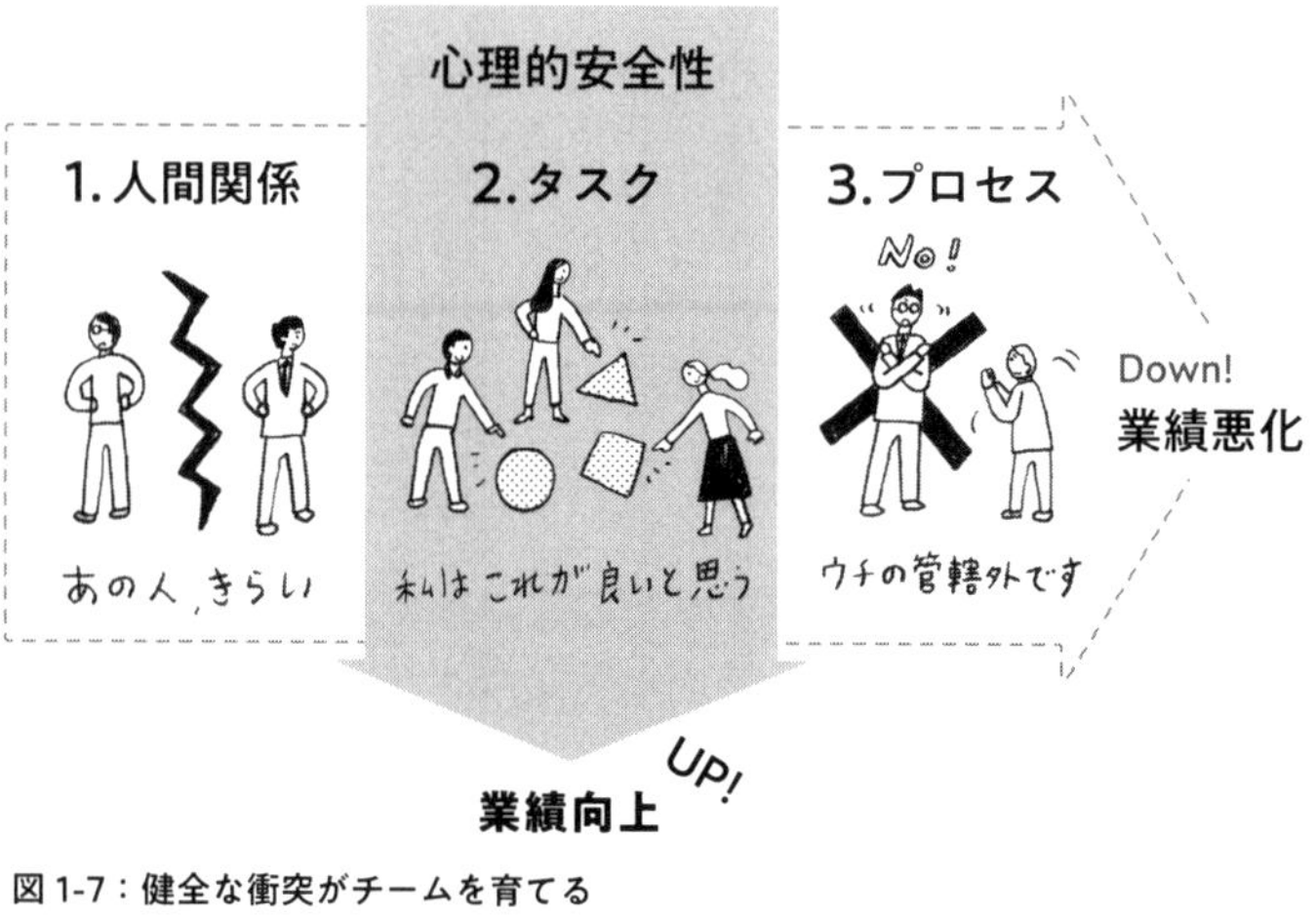
心理的安全性
1. 人間関係
2. タスク
3. プロセス
No!
あの人、きらい
私はこれが良いと思う
ウチの管轄外です
Down!
業績悪化
UP!
業績向上

図 1-7：健全な衝突がチームを育てる

いる状況下では、タスクのコンフリクトだけは業績にプラスの影響がある」[10]という研究結果があります。

心理的安全性がない状況下では、意見の対立はたやすく人間関係の対立になってしまいます。人間関係を重視する場合は、意見の対立を避けるため、意見が出にくくなります。これでは学習は起こらず、パフォーマンスの改善にもつながりません。そのため、よい業績のためには、心理的安全性のある状況での「健全な対立（ヘルシー・コンフリクト）」が重要なのです。

もしこれまで「衝突＝悪」として、意見の対立を避けてきたのだとしたら、「健全な衝突かどうか」「健全なら促進し、不健全な衝突なら調整する」という方向へと、舵を切ってみることはチーム学習の重要なファーストステップになります。

心理的安全性は何に効くか

チームの心理的安全性が、チームの学習を促進し、結果、中長期でパフォーマンスを上げること[11]は見てきました。

すでに紹介したGoogleの研究でも、心理的に安全な**チームのパフォーマンスと創造性が**

向上すること、メンバーの**離職率が低く、収益性が高く、多様なアイデアを効果的に活用することができる**[12]としています。

これまで見てきたように（図の太字部分）心理的安全性がチームの学習を促進しパフォーマンスを向上させますが、学習を促進するメカニズムとして情報共有と衝突発生の頻度を上げ[13]「失敗から学ぶ」行動を強化[14]することも挙げられています。そして、このチーム学習が、パフォーマンスだけではなく、意思決定の品質すらも向上させる[15]のです。

イノベーションという観点では、心理的安全性は「健全なタスク・コンフリクト」を通じて、イノベーションやプロセス変革に貢献[16]します。

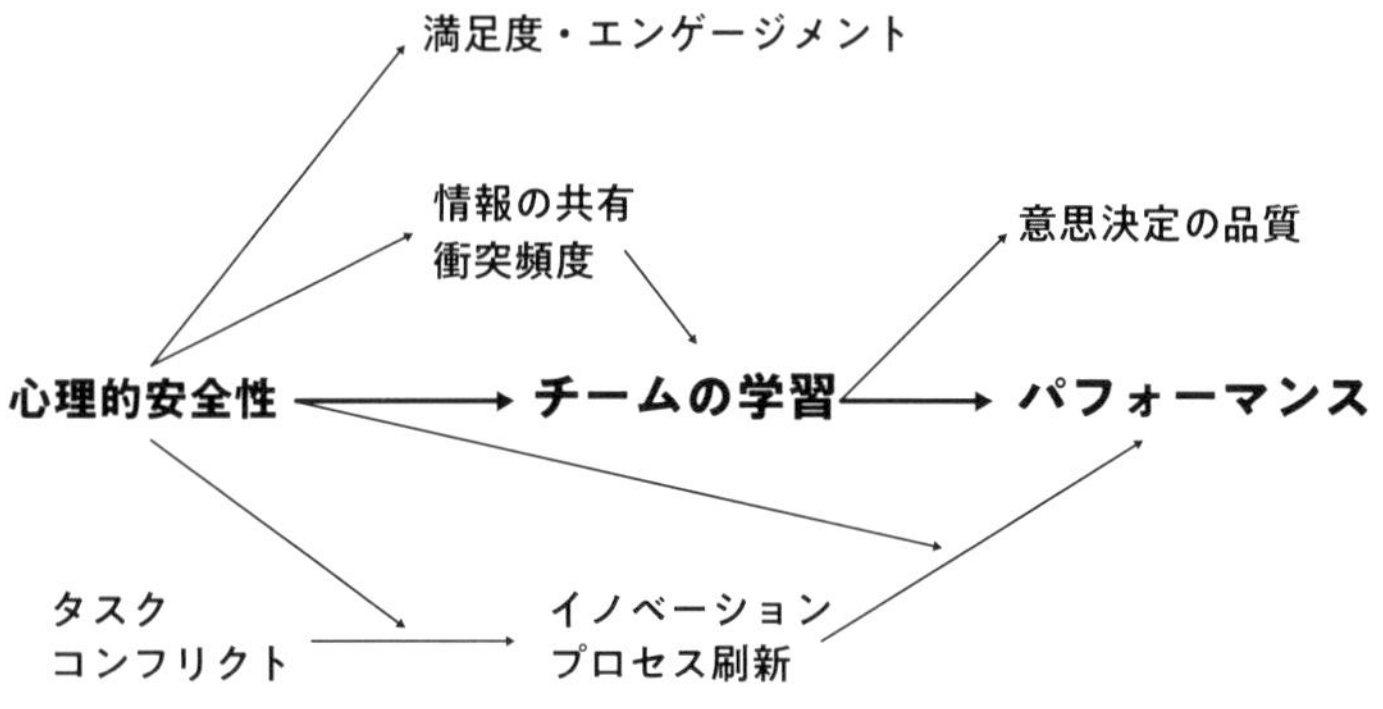

図 1-8：心理的安全性の効果

一方、すべてのイノベーションが、業績向上へ貢献するわけではないのですが、心理的安全性は、イノベーションを組織のパフォーマンスへ繋げる役割を果たします[17]。

さらに、チームへの認識という観点からも、心理的安全性は**チームへの満足度、エンゲージメントを向上**[18]させることが分かっています。

また面白い結果として、「チームの効力感」と「心理的安全性」を比較した研究では、「どちらもパフォーマンスに寄与するが、心理的安全性の方がパフォーマンスへの寄与が大きい」[19]ことが分かっています。つまり、チームのメンバーが「自分たちのチームは仕事ができる」と認識している、能力がある人が集まったと感じているチームよりも、率直に意見ができて助け合える心理的安全性なチームの方が、よりパフォーマンスが出るのです。

日本版「チームの心理的安全性」の4つの因子

私たちの研究チームでは、サーベイづくりの科学的手法であるupdated COSMIN[20]を参照し、組織の心理的安全性を計測する組織診断サーベイを開発し、これまで6000人・500チームの「日本のチームの心理的安全性」を計測しています。

私たちが日本版を開発した背景にはいくつかの理由がありました。心理的安全性研究の第一人者であるエドモンドソン教授は、すでに心理的安全性を計測する7つの質問を、論文や書籍で発表しています。[21] しかし、実際にエドモンドソン版の質問で日本のチームを計測したところ、いくつかの問題が出てきました。

・日本と米国では、文化・社会構成面による多様性の前提が大きく異なり、「異質であること」という質問の解釈が大きく異なると考えられること

- 「このチームでは、リスクを取る時でも、安全である」（It is safe to take a risk on this team.）などの設問が、明瞭性に欠けるという反応が多かったこと
- 「天井効果」と呼ばれる、満点が多いため高得点者の差がつかない結果[22]がいくつかの設問で見られたこと
- 主観的報告式のサーベイづくりの科学的手法であり、医学的な指標の作成に用いられる厳密性を持つCOSMINが2018年に大幅なアップデートをされ、1999年に発表されたエドモンドソン教授の質問項目を見直す必要が生じたこと

こうした点を考慮すると、エドモンドソン版を活用して日本での測定を行うには限界があり、著者が在籍する株式会社ZENTechでは、慶應義塾大学システムデザイン・マネジメント研究科の前野隆司教授と共に、日本版の設問（尺度）を開発しました。開発はupdated COSMINを参照しながら設問を作成し、エドモンドソン版と比較をして信頼性の高いものだけを選んだ上で、検証によって妥当性を確認しています。

こうした研究とビジネスの現場の計測から見えてきたのは「**日本の組織では、①話しやすさ、②助け合い、③挑戦、④新奇歓迎の4つの因子があるとき、心理的安全性が感じられる**」ということです。

実際に、4因子を用いて組織・チームを計測した結果を、多くの経営者、人事担当部長、組織長、チームリーダーとディスカッションを重ねましたが、高い納得感が得られています。

また、この4因子では、エドモンドソン教授の提唱する、「無知・無能・邪魔・ネガティブ」といった、**罰・不安が「ない」状態を目指すのではなく、①話しやすさ、②助け合い、③挑戦、④新奇歓迎 というこれら4つの因子が「ある（存在する）」状態を目指すこともあわせて意図しています。**

「①話しやすさ」因子

最も重要かつ、ほかの三つの心理的安全性の土台ともなるのが、この「①話しやすさ」因子

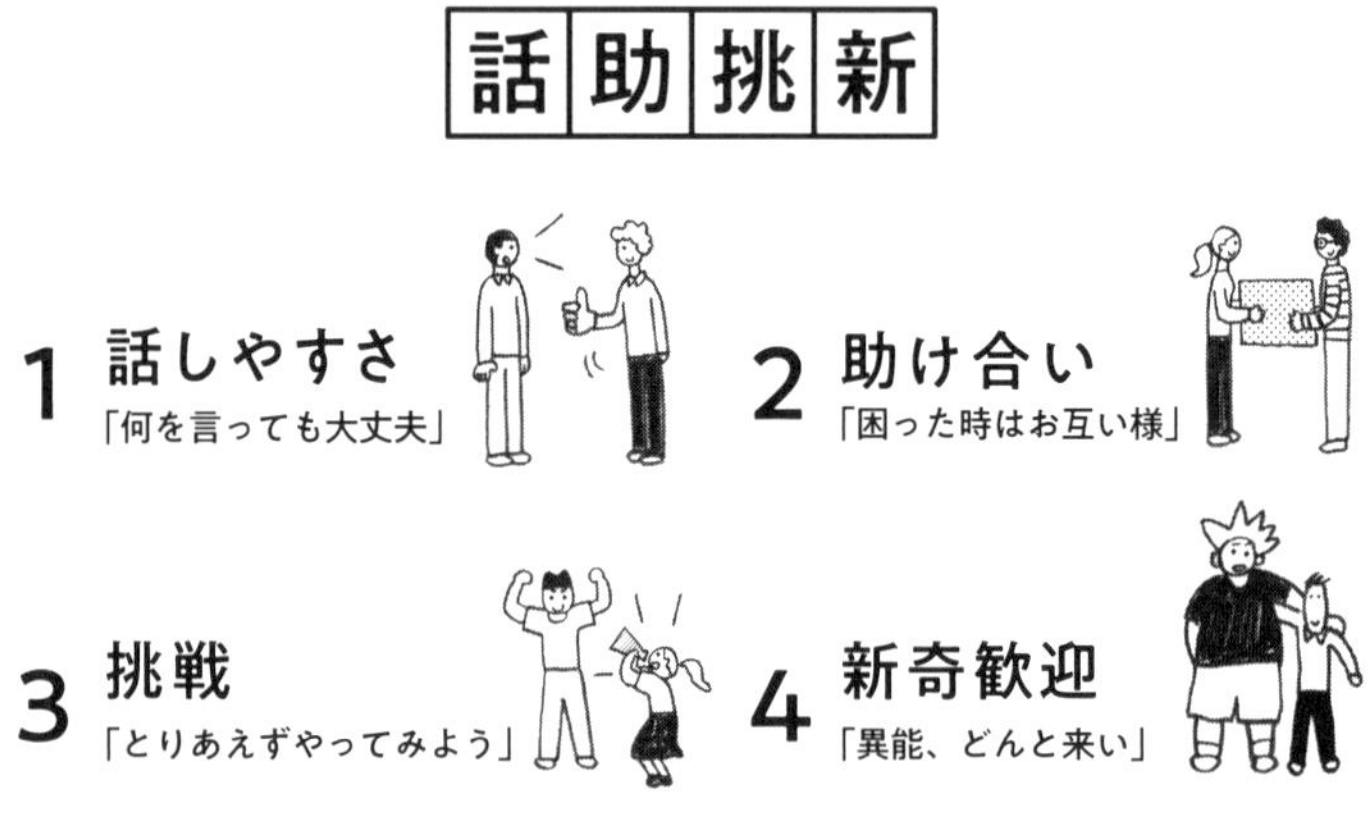

話助挑新
1 話しやすさ
「何を言っても大丈夫」
2 助け合い
「困った時はお互い様」
3 挑戦
「とりあえずやってみよう」
4 新奇歓迎
「異能、どんと来い」

図1-9：日本の心理的安全性　四つの因子

です。「①話しやすさ」因子は、**仕事と相手の状況を把握し、多様な視点から状況を判断し、率直な意見とアイデアを募集する**ために重要です。

「①話しやすさ」が確保されている時、報告や連絡、意見や立場の表明、雑談も含めた情報共有や、指示や依頼を理解するための質問などが、チームの中で飛び交います。例えば、

- みんなが、同じ方向を向いて「これだ！」となっている時、それでも反対意見があれば、それをシェアすることができるか？
- 「問題」や「リスク」に気づいた瞬間・感じた時に声をあげられるチームか？
- 知らないことや、わからないことがある時、それをフラットに尋ねられるか？

などが「①話しやすさ」因子の例だといえます。つまり、報告がネガティブなものであっても、隠し事なく「事実は事実として上がってくる」ようなチームです。ディスカッションの際、メンバー自身から見えている景色やその意見を、率直にフィードバックしてもらえるようなチームは、話しやすさ因子が高いといえるでしょう。

「②助け合い」因子

「②助け合い」因子は、通常業務やルーティンでの仕事を越えて、**トラブルに迅速・確実に対処・対応する時や、通常より高いアウトプットを目指す**時に重要な因子です。

「②助け合い」が確保されていると、チームはトラブルや行き詰まりに際し、必要な事実を共有し、相談し、支援・協力を求めることができます。また、担当者やチーム・部門の垣根を超えて、あるいはクライアント相手であっても必要な依頼をし、必要な負荷をかけて成すべきことを成し遂げようとします。例えば、

- 問題が起きた時、人を責めるのではなく、建設的に解決策を考える雰囲気があるか？
- チームリーダーやメンバーは、いつでも相談にのってくれるか？
- このチームは減点主義ではなく、加点主義か？

などが、「②助け合い」因子の例だといえます。

プロジェクトをタスクに分割し、個々人が一つ一つのタスクをこなし、こなされたタスクを積み上げればプロジェクトが完遂される、という仕事の仕方ではありません。よい相

互作用ができるチームかどうか、というのがこの「②助け合い」因子なのです。「自分の責任範囲を、一人でなんとかする」のとは、正反対の姿勢です。

自己開示や、弱さを見せられるリーダーシップが近年重要視されているのは、こういったところに関係しているのでしょう。

「③挑戦」因子

「③挑戦」因子は、**組織・チームに活気を与え、時代の変化に合わせて新しいことを模索し、変えるべきことを変える**ために重要な因子です。

「③挑戦」が確保されている時、チームは正解がない中で模索し、実験し、機会をつかむことができます。冗談のようなアイデアや仮説も歓迎し、論理的な正解を越えたジャンプを試してみることができます。例えば、

- このチームでは、チャレンジ・挑戦することが損ではなく、得なことだと思えるか?
- 前例や実績がないものでも、取り入れることができるか?
- 多少非現実的でも、面白いアイデアを思いついたら、チームに共有してみよう・やって

みようと思えるか？

などが「③挑戦」因子の例だといえます。

ここでいう「③挑戦」は**チームによる「模索」「試行錯誤」**と言ってもいいでしょう。何かを試してみるための、裁量や自由度をできるだけ高く保ったり、失敗をあげつらうのではなく、試行錯誤からの学びと改善へと集中することが重要です。

それは人々が**アイデアを思いつき、深め、発表し、フィードバックを得て、共創することのブレーキとなるような環境を外していく**ことです。

心理的安全性があれば、仮説検証や模索し学習するためのプロセスを楽しめます。「とりあえずやってみよう」だけではなく、**やってみたことを、ふりかえり（リフレクション）、改善や撤退の判断につなげることまでを1セット**として、「③挑戦」に取り組んでみるといいでしょう。

「④新奇歓迎」因子

「④新奇歓迎」因子は、この正解のない時代にあって、**メンバー一人一人がボトムアップに才能を輝かせ、多様な観点から社会・業界の変化を捉えて対応する**際に、重要な因子です。「④新奇歓迎」が確保されているとき、過去の常識から解放され、個々人の才能に合わせた最適配置や、チームとしてアウトプットの最大化を目指せる役割分担が行えるようになります。「④新奇歓迎」因子は「**③挑戦**」**因子より、人に焦点を当てた因子**です。例えば、

- 役割に応じて、強みや個性を発揮することを歓迎されていると感じるか？
- 常識に囚われず、さまざまな視点やものの観方を持ち込むことが歓迎されるか？
- 目立つことも、このチームではリスクではないと思えるか？

などが、「④新奇歓迎」因子の例だといえます。

人間を同質な集団として歯車や道具のように扱い、一律に扱うことは、マネジメントをする側の手間を減らします。しかし、このVUCAの時代にチームとして競争力を持つに

は同質性を前提としたマネジメントでは、もはや足りないでしょう。マネジメントの手間も引き受け、多様性を活かした個々の才能を掛け算しながら、組織のビジョンや、チームが大切にしたい方向へ向けて推進していくのが、この「④新奇歓迎」因子なのです。「④新奇歓迎」は、多様性と包摂（ダイバーシティ&インクルージョン）、そして所属意識（DIB：Diversity, Inclusion, and Belongingとも呼ぶ）とも深い関わりがあります。

多様性と包摂は、日本では大企業・公的セクターを中心に注目が集まり、取り組みが始まっているSDGsでも大きなテーマです。17の国際目標がありますが、これら国際目標の目的こそが**「誰一人取り残さない**（Leave no one behind.）**」**、**持続可能で多様性と包摂性のある社会の実現**[23]とされています。こうした目標に到達するためにも「④新奇歓迎」は重要性の高い項目です。

米国基準では「多様性」自体は適切な採用を行えば達成可能だとされています。しかし、日本では多様な候補者を集め採用する工夫を行わなくては、多様性のある組織の実現は難しいものです。

この時点ですでにハードルが高いですが、さらに「包摂・所属意識」という観点でも、日本の組織の課題は大きなものです。例えば人種や国籍の包摂ではなく、性別だけで考えても課題が大きいでしょう。組織のトップに自分に似た人が一人もいなければ、自分が所属していると感じにくくなる[24]ことが知られていますが、まだまだ日本の大企業のトップは「日本人、男性」であるケースがほとんどです。

学習する組織・チームであるためには、多様な意見を耳にすることができる環境にする必要があります。そのためには多様性だけでなく、より大きな包摂によって、所属意識を高めることが多様な意見を表出させることにつながります。メンバーの多数が、同質性で構成されたグループだと認識されている中では、異質だと感じる自分の声に需要を感じないからです。

そのためリーダーは、メンバーが自分らしさを最大限に発揮できるように、組織に所属している感覚を持てるかどうかにも気を配らなければなりません。

この「④新奇歓迎」を伸ばすには、特定の人々だけ、発言しにくかったり、活躍しにくいという状況がないかを注視するとよいでしょう。

メンバーが包摂され・所属している意識を持ち、多様性を成果へと結びつけるには、心理的安全性、特にこの「④新奇歓迎」が重要な役割を果たすでしょう。

心理的安全性「変革の3段階」

変革の3段階と前提環境

こうした4因子にアプローチして、心理的安全性に変革をもたらすには次の表のように「3段階」があります。この3段階が4因子の向上を阻害する環境要因でもあり、アプローチの効果を考える上でも重要です。

変えやすい順に、図の下から見ていくと、「行動・スキル」とは、チームの中の一人一人がとっている行動や、的確なタイミング・クオリティの行動が取れるかどうかというものです。「関係性・カルチャー」とは、そのような一つ一つの行動や、行動に対する積み重ねの結果、チームの中の人々が学習した、チームとしての習慣や行動のパターンです。「構造・環境」とは、会社や事業、ビジネスの仕組み自体に起因する、構造的な問題です。

本書のスコープは「関係性・カルチャー」レベルで、チームの心理的安全性をもたらすことです。なぜなら、「構造・環境」による心理的安全性への影響は、最も変革が難しい

変えにくい ↔ 変えやすい

	定義	アプローチ
構造・環境	会社や事業・ビジネスの仕組み自体に起因する構造・環境要因 ・パワーバランス ・組織構造 ・ビジネスプロセス ・業態上の制約	直接のアプローチは難しい。 「前提」と捉えた上でその中で何ができるかを検討する。
関係性・カルチャー	組織・チームが背負った歴史に起因する、チームとしての習慣・行動パターン	2章「心理的柔軟性」 4章「言語行動」
行動・スキル	一人一人が行動を取るかどうか。 また、的確なタイミング・品質の行動がとれるかどうか（スキル）	3章「行動分析」 4章「言語行動」

図 1-10：心理的安全性 変革の 3 段階

からです。

どのような「構造・環境」があり、どのような影響があるかは業種・業態・組織によってそれぞれですが、この「構造・環境」に対する基本的なアプローチは、「影響の認識のみ行い、前提だと考える」ことです。**まずはその前提環境となる「構造・環境」について、見ていきたいと思います。**

構造・環境は、パワーバランス、階層構造・権力格差と承認プロセス、職種とビジネスプロセス、業態上の制約の4つに大別できます。

パワーバランス

顧客や取引先とのパワーバランスは、多くの場合、「代替可能性」と「売上シェア」で決まります。

あなたの取り扱う商品と、同じような商品を提供している競合が多く（代替可能性が高い）、また、あなたの会社の売上の8割を1社の顧客企業が占めている（売上シェアが高い）とすると、あなたの会社は「弱い立場」にあります。この顧客との取引が無くなれば、会社が大きなダメージを受けるからです。

一方で、携帯キャリアのような日本全体で数社、または地域に一つなどの競合が少なく、かつ消費者一人当たりが占める売上シェアが低い場合、このような企業は消費者に対して「強い立場」にあります。消費者が一人退会したとしても、誤差だからです。

このような取引上のパワーバランスは、特に「弱い立場」にあることは心理的安全性に悪影響を与えます。

「（強い立場にある）お客様がこの仕様を希望している」と言えば、多くの場合、その仕様は通ってしまうでしょう。しかし、もしかすると顧客企業に対して「最高の提案をさせていただきたいので、当社の技術者も同席のうえ、その仕様へ変更したい意図を教えていただくことはできますか」など、優れたコラボレーションをすることもできたかもしれません。

このパワーバランス自体を変えることは難しいですが「強い立場」でありながらも、「弱い立場」の企業とチームとしてすぐれたコラボレーションをしたい場合、こちらから心理的安全性を作りに行く必要があるでしょう。

これは、企業間だけではなく、企業内の組織間でも構造は全く同じです。

「本社－支店」はもちろん、例えば売上の最も高い営業チームがパワーを持ち、管理部門が相対的に「弱い立場」になるといったケースがそれに該当します。

階層構造・権力格差と承認プロセス

組織の階層構造の設計や、レポートラインの設計の仕方によって形作られる、意思決定や承認までのプロセス・階層の多さは、心理的安全性に強い影響を与えます。

特に必要以上の承認が要求される場合は「③挑戦」のハードルを上げてしまうでしょう。

また、上司と部下であまりに格差がある場合も、「③挑戦」にくわえて「①話しやすさ」や「④新奇歓迎」を低下させます。「上司と部下の格差」とは、権限レベルと経験レベルの2つの格差があります。

「権限レベル」とは、異動や解雇の権限を持っていることや、日常の業務において、どこまで決裁や許可を必要とするかを言います。

「経験レベル」とは、ある専門性に対する経験の多寡を言います。上司や先輩があまりに経験豊富で、自分はあまりに経験が足りず、自分自身のアイデアや意見など意味がないように感じ、「①話しやすさ」「④新奇歓迎」しにくいというパターンです。

職種とビジネスプロセス

ビジネスプロセスの中で、いわゆる上流で決まったことを下流で覆すことが難しく、徐々に裁量や自由度が減っていくことが良くあります。

これは、問題ではなくビジネスをやる上での単なる前提です。企画構想やコンセプトを描く段階では大きな自由度と裁量があり、企画や仕様が固まってくるにしたがって、自由度と裁量は下がっていきます。

例えば、セールスチームが受注した案件が、要件定義され、設計され、現場の開発部隊に回ってくる頃には、すでに多くの事項が決定されています。

このように裁量が少ない状況では、心理的

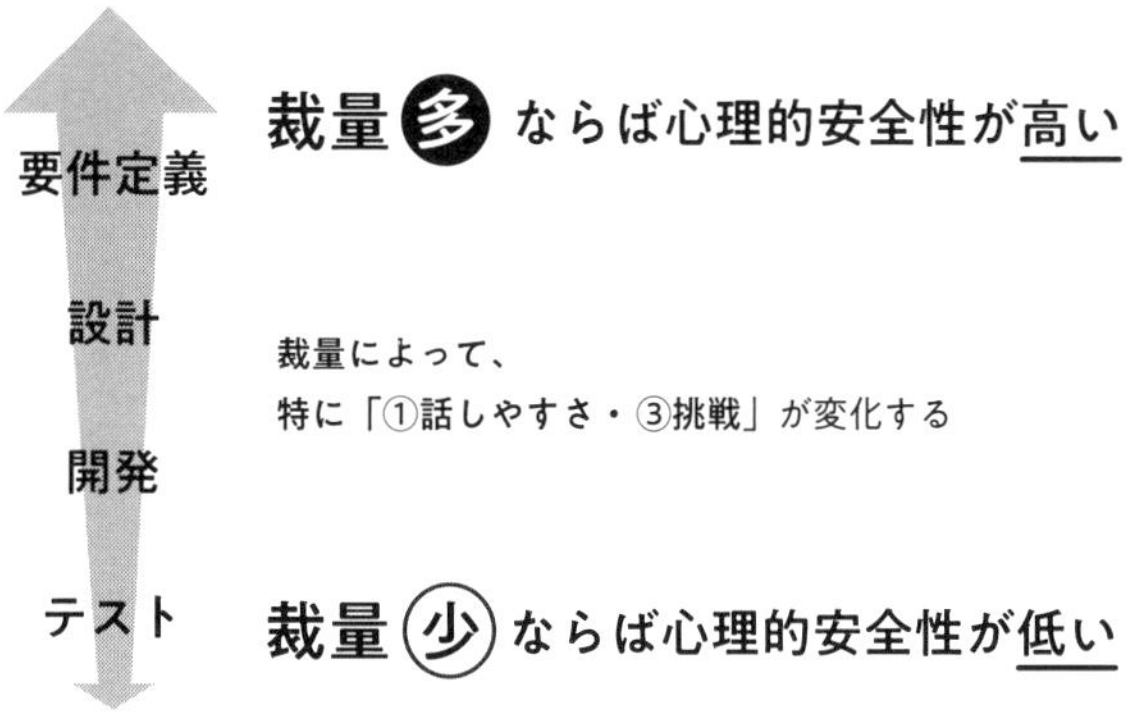

要件定義
設計
開発
テスト
裁量 多 ならば心理的安全性が高い
裁量によって、
特に「①話しやすさ・③挑戦」が変化する
裁量 少 ならば心理的安全性が低い

図 1-11：裁量で変わる心理的安全性

安全性、中でも「①話しやすさ、③挑戦」は低下しがちです。

そのため、このようなケースでは少ない裁量の中でも、「②助け合い」や「④新奇歓迎」を通じた最適配置・役割分担を志向してみるといいでしょう。

こちらはビジネスプロセス、あるいは時間軸の前後で変わる「パワーバランス」だと考えていただくと良いでしょう。

業態上の制約

最後に「業態上の制約」についてです。

工場勤務で衛生上、マスクと首から髪の毛を覆うフードを身に着け、またクリーンルーム内では原則会話が禁止、という業態もあるでしょう。通常の環境よりも、コミュニケーションを取ることが難しい状況です。

他にも、米国本社と日本支社の会議で、本当は得意ではない英語でコミュニケーションを取らざるを得ない、という状況もあるかもしれません。

これらはパワーバランスではありませんが、コミュニケーションを阻害し、心理的安全性を下げうるものです。

ここまで、4つの「構造・環境」のタイプを見てきました。

これら「構造・環境」は、心理的安全性に影響を与えますが、現段階でこれらは問題というよりも、単に「前提条件」と考えた方が良いでしょう。

これから解説する「行動・スキル」「関係性・カルチャー」にアプローチをすることで、構造・環境のうち、**「パワーバランス」「階層構造・権力格差と承認プロセス」の2つについては、結果として変えることができるかも**しれません。

特に前者は「あなたの組織・チームが、代替可能ではない真のパートナーとして選ばれる」ことを通じて変革できるかもしれません。


また、「階層構造・権力格差と承認プロセス」についても、あなたのチームが心理的安全で成果を出すチームへと変わるという成功事例を通じて、上層部が「心理的安全性は重要で、いまの組織の形態はそれにそぐわないかもしれない」と、再考することで、変革につながるかもしれません。

ですから、まずは「行動・スキル」「関係性・カルチャー」に目を向けてください。

心理的安全性をもたらすリーダーはあなただ

「さあ、これから自分のチームや組織に心理的安全性をもたらそう！」という意志を持って行動しようとする時、役職や地位に関わらず、**あなたは組織・チームに心理的安全性をもたらすリーダー**です。リーダーは時に孤独ですが、組織に心理的安全性をもたらす仕事は、それでも達成する価値のある仕事です。

「給料は苦痛に耐えたボーナス」で、「自分を守る、怒られないための仕事」や「トラブルの犯人探し」をしていた、そんな「非」安全な職場に心理的安全性がもたらされることで、人々は意義あるゴールに向けて健全に意見を衝突させ、助け合い、物事を前に進める仕事をするようになります。

働く人々の目に意思の光が戻り、チームとして妥協点を高く持ち、仕事そのものから充実感が得られる。そんなチーム・組織をつくり、所属する一人一人を輝かせることで成長と成果を導くのが、心理的安全性です。

そのような心理的安全性を導くリーダーとしてのあなたには、２つの考え方を導入していただきたいと思っています。

自分自身を「問題」の中に入れる

一つ目は、**自分自身を問題の中に入れて考えてみましょう**ということです。

つい私たちは、いろいろなことを思考し、またそれにとらわれてしまいます。「あの声の大きい先輩が、ウチの職場に心理的安全性をもたらす上で障害だ」とか、「この新人はまだまだスキルが低くて、私は困らされている」とか、**自分を問題の外に置いて、他人の中に問題を見つけるのが、人間は得意**です。

しかし、第3章の「行動分析」で詳しく紹介しますが、あなた自身の「行動」は、他の人のきっかけやみかえりになっているのです。

だからこそ、同じ職場やチームで**「相手に問題がある。それに私は困っている」と思うとき、実はあなたは問題の一部となっているのです。**

例えば、「若手が自分の意見を持たない」と、若手メンバーの中に問題を見ると、つい「自分自身は、若手が発言した直後に適切な反応やみかえりを与えられたか」という観点を忘れがちです。

そして、**あなたを問題の一部へ組み込めたなら、**あなたの**行動を柔軟に変えることで相**

手も変わるかもしれません。

たとえ相手が「本当に」悪かったとしても、自分を問題の外に置いて相手の悪さを指摘し、非難することが、相手の行動に影響を与えることはほとんどありません。少なくとも、あなたが「問題だと考える」相手から深い信頼を得られている状況で無い限り、これらは残念ながら役に立たない行動なのです。

自分自身の「行動」を振り返る

二つ目が**自分自身の「行動」を振り返る**ということです。

あなたが役職上リーダーであれ、メンバーであれ、「自分自身の行動を振り返る」ところから、すべては始まります。イメージしてもらいたいのが、次のようなシーンです。

あなたの上司は、いつも高圧的で、みんなが萎縮してしまうようなリーダーだが、ある日職場でこう言い始める。

「私、最近、心理的安全性の勉強をしているんですよ。みなさんも、きちんと学んでいますか？　いまどき、知らないと恥ずかしいですからね」

……お前が言うな！　略して「おまいう」状態ではないでしょうか。

ここまで酷くなくても、つい些細な「おまいう」状態に陥ってしまうことは、人は誰しもあるものです。まずは、自分自身の言動、部下への適切なフィードバック、会議での話の聞き方、誰も拾わない投げかけを最初に拾ってあげられたかどうか…などなど、自分自身の行動を振り返ってみることが重要です。

そして、「自分のこの行動は、もちろんメンバーの成長を思ってのことだったけれど、心理的安全性の観点からは、小さな罰を与えてしまっていたようなものだな」とか、「直後のみかえりが大事なのに、忙しさにかまけて、即座のレスポンスをできていなかったな」とか、**自分自身が変えるべきポイントを見出して**ほしいのです。

そして、その行動を改めることは、あなたの「心理的安全性を組織・チームにもたらしたい」という言葉に、強い説得力をもたらします。

そして、「心理的安全性」と言葉を唱えるだけの人ではなく、実際に自分自身の行動を改めるくらい、心理的安全性に「本気で取り組んでいる」と周囲の人たちは感じることでしょう。

組織・チームに心理的安全性をもたらそうとする上で大切な、「自分自身を問題の中に入れる」「自分自身の行動を振り返る」、この二つは繋がっています。自分自身を問題の中へ入れて、その観点から、自分自身の行動を振り返って内省し、自身の行動を柔軟に変えていくところから、変革の旅は始まるのです。

誰か他人のせいにして、ただ非難していても、ポジションの高い誰かが組織を変えてくれるのを待っていても、社長や役員が「変わってくれる」のを祈っても、組織・チームは変わっていきません。

「組織に心理的安全性をもたらすリーダーはあなた」です。

この書籍を片手に、あなた自身の事例をつくる気概で、組織・チームを、そして自分自身を変える、具体的な行動に取り組んでみてください。

第2章 リーダーシップとしての心理的柔軟性

Psychological Flexibility

心理的安全性と心理的柔軟性

チームの背負った「歴史」

組織・チームは「歴史」を背負っています。
歴史とは、一人一人の行動や結果と、組織や周囲の対応の積み重ねです。

例えば、営業エースがパワハラ問題を起こした時、結局、口頭で注意されるだけでお咎めなしになったとしたら「売上さえ上げていれば問題ない」と人々は感じるでしょう。プロジェクトを推進していた上司が、いざ失敗すると責任逃れするのを目の当たりにしたら、「新規事業やイノベーションには関わらないでおこう」と考えてもおかしくありません。

お客様の要望でこれまでと異なった対応をして、ミスが発覚した時に犯人探しと厳しい処罰が行われたとしたら、「お客様の要望があっても、余計なことはするもんじゃない」と学習するでしょう。

このような、組織・チームの記憶にショックを与えるような出来事はもちろん、もっと細かな日々の**一つ一つの出来事や反応**も重要です。

例えば会議で、ちょっとした思いつきを発言した先輩が、上司から冷たく反論されていたり、周りが取り合わなかったりしたら、「何か思いついても、自分の意見は言わない方がいい」と判断するでしょう。

職場によっては、誰も反応してくれないので「おはようございます」という挨拶すら抵抗感がある職場もあるかもしれません。

これらは1章で学んだ罰や不安として機能しており、日々のメンバー同士の発言や行動、それらに対応する他の人々の様子を、チームの中で学習してしまっているのです。

1章でお伝えした、変革の3段階のうち、この**一つ一つのチームの背負った歴史が、「関係性・カルチャー」を形作っています。**

「関係性・カルチャー」を変えるには、リーダーシップが必要

表面的な事例やベスト・プラクティスを学ぶと、役に立ちそうな気がしますし、参考になります。しかし、それだけではチームは変わりません。1章で紹介した心理的安全性の4因子も、単に事例やノウハウを実行するだけでは、向上しないことも多いのです。そのためには知識を、組織・チームへ合わせて具体的な行動へと昇華させる必要がありますが、その道は簡単ではありません。

組織には昨日までやっていたことを、今日も続けようという慣性の力が働きます。あなたが起こしたい変革が大きなものであるほど、反対や抵抗も大きくなるのです。それも、組織やチームで成功している人ほど、いま続けているやり方に執着するかもしれません。

「たしかに、ウチの営業組織は心理的安全性が低いかもしれない。数字が行かないと、定例会議でみんなの前で問い詰めたりするし、失敗したら別部署に飛ばされるという不安でみんなを頑張らせている。でも私の部署は、実際のところ稼ぎ頭で成功してい

るし、ここで働きたいという社員はいくらでもいるし、困ってないんだよね」

こうした方は、同じような苛烈な管理職の元で育ってきて、勝ち上がってきたという自負があります。そんな営業部長と共に、心理的安全性を組織に持ち込み、それでも必要だと信じる行動を積み、メンバーの行動を変え、変革をやり切るのが改革者の役割です。

組織・チームの現在の心理的安全性は、組織・チームが歴史を経た結果です。

不安や罰を避けるために意見を言わないといった行動をメンバーが取ることが、カルチャーとして染み付いてしまっています。

この一つ一つの行動を変えていかなくては、チームは変わりません。

そのためにはメンバーの行動を変える方法が必要です。

その方法として、「行動分析」「言語行動」という理論を3章・4章で学びます。

しかし、一つ一つのチームで異なるカルチャーにアプローチするには、単なる施策の実行や、一つの行動の変化だけでは、難しいこともあります。

そこで改革者の土台として必要となるのが「心理的柔軟なリーダーシップ」です。

リーダーとリーダーシップは違う

本書では、リーダー論やリーダーシップ論そのものについてはあまり踏み込みませんが、その違いを簡単に述べておきます。

本書でいうリーダーとは立場・ポジションのことです。公式に任命されたリーダーだと考えてください。例えば、部長、課長、店長、マネジャー、営業リーダーなどがリーダーです。

一方、リーダーシップは、立場に依らないものです。

この「─シップ（-ship）」という接尾辞は状態（state）、スキル、能力（ability）を表します[1]。そのため、リーダーとしてのスキルや能力、つまり**「他者に影響を与える能力」**が**リーダーシップ**[2]なのです。

上司やリーダーであること、評価者であること、人事権を持つことは、当然に「他者への影響力」を持ちます。しかし、これら**ポジションに紐づく「他者への影響力」**を**「パワー」**と言って、リーダーシップから区別する研究者もいます。

そのため、リーダーシップを持つ一般社員もいれば、会社からはリーダーとして任命されてパワーも持っているが、リーダーシップのないリーダーもいるわけです。

基本的な指針としては、パワーがなくても他者への影響力を持つ、リーダーシップを磨くことが大前提でしょう。それがあれば、パワーの通じない、社外のチームと働くときや自分自身がメンバーである時でも、活躍できるからです。

リーダーシップスタイルを使い分ける

この影響の与え方を、リーダーシップのスタイルと言いますが、これにも多くの研究があります。

トランザクショナル（取引型）・リーダーシップ：アメとムチ・成果主義
トランスフォーメーショナル（変革型）・リーダーシップ：ビジョンと啓発
サーヴァント・リーダーシップ：メンバーの支え、活躍を支援する
オーセンティック・リーダーシップ：自分らしさを発揮する・弱さも見せられる

など、さまざまなリーダーシップ・スタイルが提案されています。[3]

いくつものスタイルがあると、つい私たちは「最良のもの」を探したくなりますが、実は互いに補完関係にあったり、良いリーダーは**いくつものリーダーシップ・スタイルを使い分けています。**

- トランザクショナルとトランスフォーメーショナルは、補完関係にある
- トランスフォーメーショナルは、組織の効力感（有能感）に寄与し、サーヴァントは、組織の心理的安全性に寄与するが、良いリーダーは、変革型・サーヴァントの両方のリーダーシップを持っている[4]
- オーセンティック・リーダーシップの文脈でも、高いパフォーマンスを発揮しているリーダーは「本来の自己（Authentic Self）」「役割の自己（Role Self）」が高い次元で統合されている。[5]

本書では主に「関係性・カルチャー」レベルへと影響を与えるため、これらのリーダーシップを、うまく**「チームと状況に合わせて使い分ける」**ことを重視します。**個々のチーム、個々のメンバーに合わせて、しなやかにチームを変えていくことのできる「心理的柔**

軟なリーダーシップ」が本書の提案です。

本章ではこの「心理的柔軟なリーダーシップ」について解説しますが、現時点では、

柔軟性❶変えられないものを受け入れる
柔軟性❷大切なものへ向かっていく
柔軟性❸それらをマインドフルに見分ける（＝気づいている）

のような「その時々に応じて、本質的に役に立つことをする」リーダーシップだと考えてください。リーダーシップのスタイルで考えれば、次のような例が挙げられます。

チームの心理的安全性「①話しやすさ」因子について考える時、トランザクショナル・リーダーシップを発揮するリーダーのもとで、すでに成果を出していて、リーダーからも気に入られているメンバーは非常に「①話しやすさ」が高いでしょう。

一方で、トランザクショナル・リーダーシップでは、現時点で成果が出ていないメンバーへの期待が低く、リーダーとの心理的距離も遠く、意見を聞いてもらえない、という悪循環を起こしやすいです。これまで「①話しやすさ」を感じていなかったメンバーに発

言を促すには、むしろサーヴァント的なスタイルを併用することも重要でしょう。

また、このような「切り替え」だけではなく、「程度」の問題も重要です。

トランザクショナル（取引型）やトランスフォーメーショナルでは、成果への圧力が高まることがあり、これ自体は「ハイ・スタンダード」と同義で問題ありません。

しかし、成果への圧力が高くなりすぎ、しかも罰や不安によるコントロールをはじめると、**不正が起きやすくなる**ことが知られています。

不正が発覚すると、時に組織に大き

リーダーシップスタイル	各スタイルの特徴	対応する心理的柔軟性の要素		
		❶受け入れ	❷大切なもの	❸マインドフル
トランザクショナル（取引型）	状況に応じた報酬を与える		○	○
	成果をあげる部下を重用する	○		
トランスフォーメーショナル（変革型）	ビジョン・ミッションで人を動かす		○	
	個別化した成長支援		○	○
サーヴァント（奉仕・支援型）	部下の目標達成 自己実現を支援	○	○	
	部下の強みを引き出す		○	○
オーセンティック（自分らしい）	リーダーが自分自身を知ること	○	○	
	マインドフルに「いま・ここ」に存在			○

図 2-1：リーダーシップのスタイルと心理的柔軟性

なダメージを与えるだけではなく、管理や手続きが強化され、成果を出すための仕事に使う時間が減ってしまいます。

右の表に、各リーダーシップ・スタイルの簡単な特徴と、心理的柔軟性との対応を示しました。

この表で整理[6]したように、心理的柔軟なリーダーシップとは、**状況に合わせて、場面ごとに、より役に立つリーダーシップを切り替え使い分ける柔軟性**を持つものです。

心理的柔軟なリーダーシップが、心理的安全なチームをつくる

この柔軟なリーダーシップの有効性は、実際に私たちの研究でも示されています。慶應義塾大学 システムデザイン・マネジメント研究所と共に実施した研究では、チームの心理的安全性にとって、リーダーや、そこに所属する一人ひとりの、心理的柔軟性が重要であることが示されています。具体的には

- リーダー・メンバーの心理的柔軟性の向上は、チームの心理的安全性を向上させる
- 特に、リーダーの心理的柔軟性による心理的安全性への影響は大きい

・リーダーが心理的柔軟だと、チームの学習が大きく促進される

ことが分かっています。

いま見てきたように、チーム全体の心理的安全性への影響が大きいのはリーダーの柔軟性ですが、メンバーの心理的柔軟性も重要です。

「個人の心理的柔軟性が高いと、その人自身がそのチームに対して、高い心理的安全性を感じやすい」のです。中でも「柔軟性❷大切なことに向かっていく」が高い時、その傾向が顕著でした。

組織開発と科学哲学

近年の組織開発では、「社会構成主義」という科学哲学を参照・採用する流れがあります。「社会構成主義」とは、私たちが「現実だ」と思っていることは、私たち人間の外側にある客観的な「真実」などではなく、すべて「社会的に構成されたもの」だという考え方です。

もっとドラマチックに表現するとしたら、そこにいる人たちが、「そうだ」と「合意」

して初めて、それは「リアルになる」[7]という考え方です。

「経営者がビジョンを決める」だけでは、それは組織に所属する人たちの「現実・リアル」にはならないわけです。だからこそ、そのビジョンについて「対話」を行うことで、それをリアルなものへと変えていきます。いわゆる「対話型組織開発」が、この社会構成主義的な組織開発です。

この社会構成主義は「文脈主義」と呼ばれる科学哲学の一分派で、「記述的文脈主義」に属します。

一方、本書では「機能的文脈主義（Functional contextualism）」という科学哲学に基づく、リーダーシップ開発、そして

	社会構成主義	機能的文脈主義
世界観	全ての事象は文脈と切り分けて存在できない進行中の行い （客観的な「真実」があるとする本質主義とは異なる）	
真理基準	「うまくいっていること」 （効果的な実践・ゴール達成に役立つものを「真理」と呼ぶ）	
目的・考え方（ゴール）	出来事全体の複雑さ・豊かさ そして「意味」を理解する	事象を予測し 影響を与えること
生み出された知見の適用範囲	具体的・個別的	抽象的・普遍的
組織・人材開発への応用	対話型組織開発	心理的柔軟な リーダーシップ開発

図 2-2：社会構成主義と機能的文脈主義

組織開発を提案したいと考えています。

「機能的文脈主義」は、スティーブン・C・ヘイズ教授によって提唱された科学哲学です。ヘイズ教授は「心理的柔軟性の科学」とも呼ばれるACT（アクト）[8]の創始者でもあり、私たちが本章で取り扱おうとする「心理的柔軟性」も、この機能的文脈主義に基づいています。

あらゆる科学哲学は、真理基準（何を真理とするかの基準）を持ちますが、文脈主義の真理基準はざっくり言うと**「うまくいっていること」**です。

そして、社会構成主義をはじめとした、記述的文脈主義は「出来事の全体の複雑さと豊かさを理解する」上で「うまくいくかどうか」に焦点を当てます。

一方、本書で提案する「機能的文脈主義」は、同じ文脈主義でも「予測と影響を与える」上で「うまくいくかどうか」に焦点を当てます。[9]

つまり、アプローチやゴールは違いますが、どちらも組織・チームが背負った「歴史」や文脈を踏まえ、「うまくいくこと」を目指しているのです。

本章の目的を、組織開発という文脈で整理するとすれば、「人材開発を通じた組織開発」

です。つまり、心理的柔軟なリーダーシップ開発を通じて、心理的安全性を組織・チームに構築することを目指しています。

心理的柔軟に影響を与える

機能的文脈主義に基づく心理的柔軟性では、「正論にとらわれず、役に立つことを重視」します。

例えば、何かプライベートで辛いことがあって、パフォーマンスが下がっているメンバーに「プライベートで何かあったのか知らないけれど、同じ額の給与が払われているんだから、同じパフォーマンスを出せよ」などと声をかけたとすると、論理的には正しいことを言っているように聞こえますが、声をかけた目的である「パフォーマンスを上げる」ことに対しては、役に立たないでしょう。

「役に立つ」というとき、「予測できる」こと、「目標やゴールに向けて影響を及ぼせる」ことの二つを重視します。この**予測と影響**のうち、どちらかといえば影響の方が大切です。

心理的安全性の「①話しやすさ」「②助け合い」にしても、「みんな、意見を積極的に出してくれ」「みんな、助け合うように」という指示を出しても、「正しいことを言っているが、実際にメンバーの行動には影響を与えられない」ことがほとんどではないでしょうか。チームに心理的安全性をもたらそうという私たちには、単に「正しいこと」を学んだり、やったりするだけではなく、**実際に影響を与える**ための方法論と実践が重要なのです。

心ではなく「行動」にフォーカスする

予測と影響、とくに影響のためには「性格・心の中」のことより「行動」にフォーカスした方が効果的です。

例えば、いつも会議に遅刻してくるメンバーがいるとしましょう。周りの人々は「やる気がない（心の中のこと）」あるいは「だらしがない（性格）」のように、彼にレッテル・ラベルを貼るのではないでしょうか。そのようにラベルを貼ると、予測には役立つことも多いのです。

「彼は、だらしがない。だから、次の会議も遅刻してくるだろう」

「彼は、やる気がない。だから、次のレポート締切も、遅れるだろう」
しかし、**影響を与える**ためには、あまり役に立ちません。彼の「やる気」を上げる究極の一言は思いつかず、彼の「性格」を変えるアプローチもうまくいかないため、「彼は、だらしがない（だから仕方がない）」「彼は、やる気がない（だから仕方がない）」のようになってしまっているのではないでしょうか。

もう少し、体感的にやってみましょう。お手元に携帯電話を用意してください。そして、手に持っていただきたいのです。準備ができたら、「やる気を出して」携帯電話を手に持ってください。

どうでしょうか。やる気を出すことができたでしょうか。研修や講演会などでこのワークをやると、「力を入れる」「高く上に掲げる」「目力をいれる」といった反応をされる方、そして「何をしたらいいの？」と戸惑われる方がほとんどです。
いま体験していただいたように**「やる気を出す」という心の中のことは、目標に影響を及ぼしにくい**のです。

もう一つ、これも心の中のことであり、あるいは性格でもある「自信」について考えてみましょう。

「明日のプレゼン、自信ないです」というメンバーがいたら、あなたはどうしますか。

「頑張れ、自信持っていけ、絶対大丈夫だ！」と勇気づけられても、そのメンバーが実際に自信を持ってプレゼンをするには、その声がけだけではなかなか厳しいのではないでしょうか。

こんな時、「自信」という心の中や性格のことではなく「行動」にフォーカスすると、役に立つ、つまり影響を及ぼしやすいのです。

「自信それ自体は存在しない。いくつかの行動パターンに、自信というラベルを貼っているだけだ」と捉えます。つまり「彼は自信がある」「彼はやる気がない」といった**ラベルは、一連の行動の要約**に過ぎないという立場です。

大きな声で話す、よい姿勢を保つ、流暢に話す、アイコンタクトをとる、大きなジェスチャーといった、いくつかの行動パターンでプレゼンテーションをしているとき、その人は「自信をもって話している」ように見えます。

そして、内心では自信がないという自己イメージを持っているとしても、大きな声で、姿勢よく、笑顔で、流暢に、アイコンタクトをとりながら、大きなジェスチャーで話せたとき、「聴衆が心地よく理解する」とか「提案が通る」といった、ゴール・目標に近づくことができます。

つまり、自信があるかどうかを論点にするのではありません。準備・練習・対人スキルの習得という具体的な行動をとれるかどうかを論点にするべきなのです。するべき行動がわからない場合は、フィードバックを受けて行動を特定し、一つずつ改善していけばいいでしょう。「自信」をつける方法を模索している人は、意外とこのような練習や訓練に気づいておらず、行っていなかったりするものです。

著者は年間100回はプレゼンテーションをしますが、必ず準備して練習します。特に重要なプレゼンやメディアへの出演に際しては、ビデオ録画して、自分で見直し、改善をし続けるという、具体的にとれる行動をとっています。

このように「行動」を論点にすることで、「自信のなさをどうするか」と悩んでいる時間を、**行動の質を上げる生産的で有意義な時間へと変える**ことができるようになります。

ブーケから、一本一本の花へ

このような「自信、やる気」など、心の中のことはブーケに例えられます。

実際にそこにあるのは一本一本の花を束ねたものですが、それをブーケというラベルで呼んでいます。心の中のことも同じで、「アイコンタクト」や「よい姿勢」のような一つ一つの具体的な行動の集積が「自信」として認識されるのです。

つまり「自信」という目的のブーケを手にするには、一本一本の花（行動）をうまく選ぶしか方法がないということです。

このように「自信」や「やる気」など、直接は変えられない心の中のことに執着しても仕方ありません。変えられるもの、つまり良い姿勢や大きな声のような「行動」に集中する、役に立つ「行

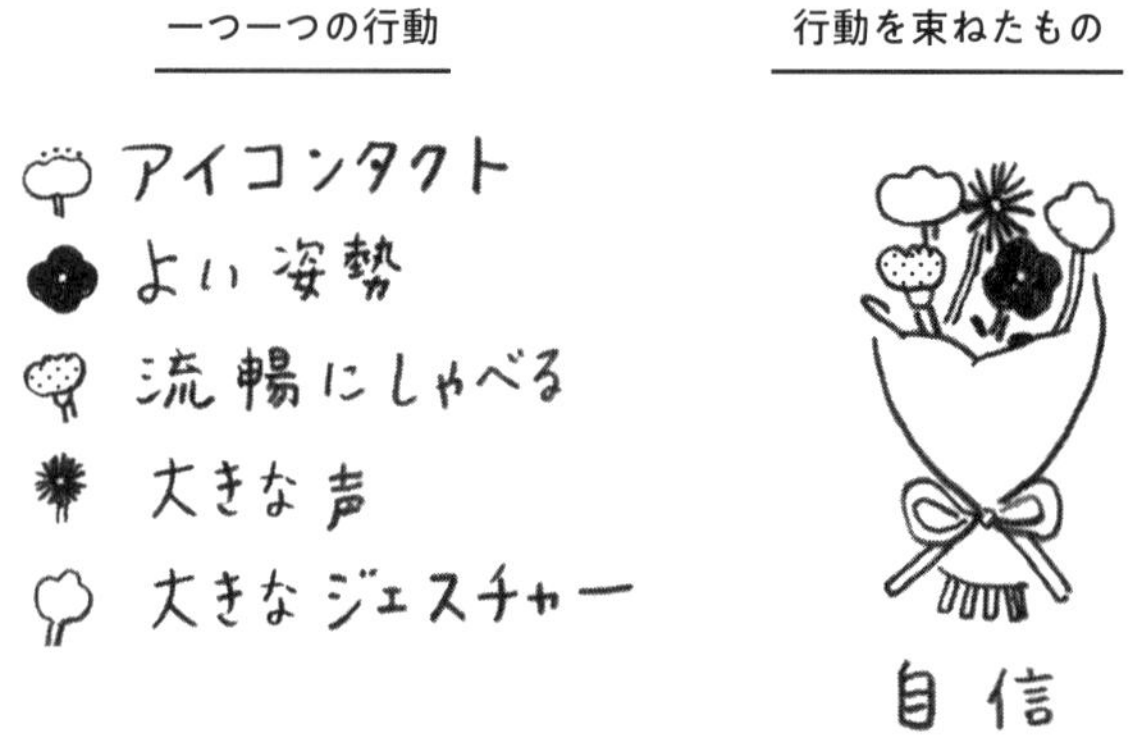

図2-3：一つ一つの行動と、行動の集積

動」が取れるかどうかを論点にする、というのが「心理的柔軟性」の中で、最も重要なコンセプトです。

心理的安全性研究の第一人者エドモンドソン教授の著書では、「人々が互いに信頼し、尊敬し合っている」[10]ことを、チームの心理的安全性の前提条件として述べています。

しかし、これら「信頼」も「尊敬」も、心の中のことで、「お互いを信頼するようにしよう」「みんな、お互いに尊敬しあってくれ」などと、指示や命令することで影響を与えることはできません。

だからこそ本書では、「信頼が大事、尊敬が大事」という影響を及ぼせないことを重視するのではなく、結果としてそのような**信頼や尊敬が生まれるような、具体的にとれる行動を重視**していきます。

役に立つかどうかは「状況・文脈」による

「役に立つ行動」と言ったとき、**行動それ自体が必ず役に立つわけではありません。**その行動が**役に立つかどうかは、状況・文脈による**のです。

このことは、マネジャー・管理職への昇進というケースを考えてみるとわかりやすいと思います。

例えば、営業マンが営業のエースとして活躍します。顧客のところに足繁く訪問し、顧客の課題を深く聞き取るヒアリングからの、立て板に水が流れるような上手なプレゼンテーションで次から次に案件を受注する。プレイヤーとして一流だからこそ、マネジャー・リーダー・管理職へと登用される。よく見る光景ではないでしょうか。

しかしマネジャーになってからも、まったく同じ行動をとっていたら、どのように評価されるでしょうか。プレイヤーとしては100点でも、マネジャーとしては0点です。

仕事上の役割が「自分で売り上げをあげること、自分自身が勝つこと」から、「メンバーの活躍を支援しメンバーを勝たせること」へと変わったからです。

形としては同じ行動でも、状況・立場・文脈に応じて、役に立つかどうかは変わっていきます。そして、**心理的柔軟性とはこの「状況・立場・文脈」に応じて、とっている行動をより役に立つように切り替えられるしなやかさのこと**なのです。

本書の冒頭でも触れたように、いまが激変の時代であることを疑う人はいないでしょう。正解がない時代、変化し続ける時代にこそ、このように世界、社会、時代の変化に合わせて行動を変えていける「心理的柔軟でしなやかなリーダーシップ」が必要だといえるでしょう。

「4つの因子」は行動の集積

実は心理的安全性の「4つの因子」も、行動に分解することができます。

①話しやすさという行動カテゴリでは、

「話す、聞く、相槌を打つ、報告する、目を見て報告を聞く、雑談する報告という行動自体を（内容とは切り分けて）ほめる」などの行動がチームの中で多く起きているとき、①話しやすさ因子が満たされていると考えます。

②助け合い

「相談する、相談に乗る、問題を見つける、自分一人では対応できないことを認める、トラブルを楽しむ、ピンチをチャンスへ変えるアイデアを出し合う、解決のためのアイデアを広く募る、個人ではなくチームの成果を考える」

③挑戦

「挑戦する、機会を掴む、機会をつくる・与える、試す、実験する、模索する、仮説検証、改善する、工夫する、新しいことをする、変化を歓迎する、世の中・顧客の変化に直面する、挑戦自体を褒め歓迎する、失敗を歓迎する、現実のフィードバックを受け入れる、常識を疑う」

④新奇歓迎

「個性を発揮する、個性を歓迎する、強みに応じて役割を与える、常識に固執しない、ステレオタイプを避け本人の行動を見る、月並みを拒否する、批判を一時脇に置く、自分自身のものの観方をフラットに共有する・される、違いを良い悪いではなくただ違いとして認める」

このように4つの因子に紐づく「行動」を増やしていくこと、シンプルにいうならば**「心理的安全性にとって、望ましい4カテゴリの行動を増やし、望ましくない行動を減らす」ことが、管理職・リーダーや、組織・チームに心理的安全性を構築しようとリーダーシップを発揮する人の仕事だ**ということになります。

また**心理的安全性とは、組織・チームの「関係性・カルチャー」（または風土・文化など）だ**という言い方もできるでしょう。しかし、「関係性・カルチャー」、あるいは風土といった時、それらに直接影響を及ぼすには、どうしたらいいか。これはなかなか難しい問題です。

「関係性・カルチャー」は、実際には**一つ一つの行動の集積、つまり「学習の産物」**[11]**であり、チームとしての行動パターン**であると捉え、その行動をどう変えていくかを論じることで、はじめて「何をしたらいいか」が分かるようになります。

行動へフォーカスするという一歩目を踏み出すことで、やがては「関係性・カルチャー」を変えうるのです。

そのため、組織・チームの背負った歴史や文脈に応じて、あるいはアプローチする個々人の性質に応じて、しなやかにチームの中の行動を活性化できるのが、「心理的柔軟なリーダーシップ」なのです。

心理的柔軟性の3要素

「しなやかになろう!」と、ただ決意しても（これも、心の中のことですね）、なかなかしなやかさを身につけることは難しいものです。

では、どのようにすれば「心理的柔軟性」を身につけることができるのでしょうか。ここで、心理的柔軟性の三つの要素を紹介します。

❶必要な困難に直面し、変えられないものを受け入れる

❷大切なことへ向かい、変えられるものに取り組む

❸それら変えられないものと、変えられるものをマインドフルに見分ける[12]

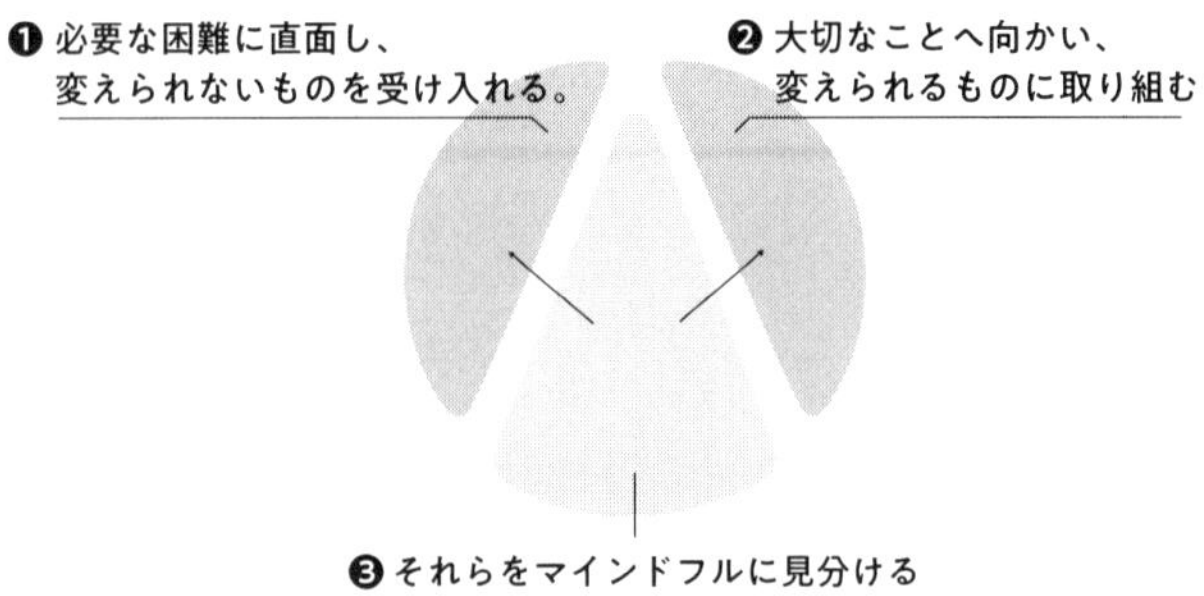

❶ 必要な困難に直面し、
変えられないものを受け入れる。
❷ 大切なことへ向かい、
変えられるものに取り組む
❸ それらをマインドフルに見分ける

図 2-4：心理的柔軟性の３要素

このような行動パターンがとれることが、心理的柔軟性です。個人がこの三つの要素を満たしている時、状況・立場・文脈に応じて、役に立つ行動パターンがとれるということです。

❶必要な困難に直面し、変えられないものを受け入れる

心理的柔軟性一つめの要素が意味するのは、たとえ困難な思考や感情が現れてきたとしても、それらに**オープンである**、ということです。

ビジネスを前に進めていくうえで、お客様からのクレーム、チームとしての取り返しのつかないように感じるミスなど、さまざまな想定外のトラブルは起きます。そして、そのようなミスやトラブルは、すでに起きてしまったのであれば、起きたという事実自体は変えられません。そのような時でも、ミスやトラブルへの対応は、前向きに検討し、工夫することができます。「やれることを、やる」ことは可能です。

しかし、この前向きな検討や工夫を阻害してしまうのが、困難な思考や感情との「戦い」なのです。

❷大切なことへ向かい、変えられるものに取り組む

二つめの要素が意味するのは、自分自身、あるいはチーム・組織として向かいたい方向や大切にしていることに、**エンゲージ（従事）して行動に移している**ことです。

この要素では「大切なこと」を言葉にする、言語化するというプロセスが重要です。組織としてのビジョンやミッション、またチームやプロジェクトレベルとしての仕事の意義・目標として言語化されることが大切です。

そして、それらの意義・目標と、一人一人の個人の大切なこと、向かいたい方向、やり続けたい行動の繋がりが整うことで、**たとえ困難があったとしても行動を促し、仕事に意味づけすることができます。**

❸マインドフルに見分ける

心理的柔軟性の最後の要素が「**変えられるものと変えられないものをマインドフルに見分ける**」という要素です。前節では「自信・やる気」など、心の中のことを変えることが

難しい、だからこそ行動にフォーカスしよう、とお伝えしました。このように「変えられるもの（たとえば、行動）」と「変えられないもの（たとえば、心）」を見分けることは、意外と自明ではなく、習得にはいくらかの訓練が必要です。

さらに「役に立つかどうかは状況・立場・文脈による」とも述べました。

仕事には、いくつもの「大切なこと」がありますが、**この瞬間、この状況では「どの大切なことを、いま大切にすると良いか」に意識的であること**を、この❸の要素は含みます。

近年、マインドフルネスや坐禅がビジネスのトレーニングにも持ち込まれるようになってきたため「マインドフル」というキーワードを耳にしたことがある方もいらっしゃるかもしれません。現段階では**マインドフルとは、「気づきに満ちている」状態**、状況を客観的・俯瞰的に見ることができる状態だと、理解するとよいでしょう。

三つの柔軟性は互いに関係しあっている

これら三つの柔軟性はバラバラに存在するのではなく、相互に影響を与えあっています。

例えば「❷大切なことへ向かうため」だからこそ、「❶困難に直面して乗り越えよう」

と思える。「❸変えられないものだと気づく」ことができたからこそ、「コントロールできないなら、仕方がない。❶受け入れてみよう。」などと思えるわけです。

三つの要素それぞれで、取り組みやすそうなパートから取り組むと、他の要素にもよい影響を与えます。

ここから先は、「リーダーシップとしての心理的柔軟性の3要素」について、一つずつ詳しく見ていきます。

心理的柔軟性を身につける❶
変えられないものを受け入れる

❶で取り扱うのは「**必要な困難に直面し、変えられないものを受け入れる**」ことです。

ここでいう「必要な困難」とは、実際の障害や困難そのものよりも、「**困難な思考や感情**」を意味しています。この❶心理的柔軟性が重要なのは、**行動を起こす際の心理的な抵抗を減らすため**です。

チームに心理的安全性をもたらす上で、この正解のない時代には日々の一つ一つの業務ですら、たくさんの困難なことや障害が予測されます。

そういった、困難や障害と出会う度に、さまざまな思考や感情が必要なことを遂行することを妨げます。

もし「❶困難な思考や感情を、オープンに受け入れる」という心理的柔軟性が十分にトレーニングされていなければ、あなた自身の行動や接し方を変える、という最初の一歩で

すら踏み出すのが困難になるでしょう。

例えば、「④新奇歓迎」を上げようという時、「新奇歓迎とは言うが、どうせ新人はたいして戦力にならないんだよな。忙しい時期でもあるし、新奇歓迎は後回しでいいんじゃないか」などと、**もっともらしいやらない理由、やらなくてもよい理由**が浮かび上がり、実際にその思考通りに新奇歓迎をやめてしまうかもしれません。

あるいは「①話しやすさ」を上げようという時、「なんでも言ってね」とメンバーに言ってみたものの、いざメンバーから実際に指摘をされた時、**感情に飲まれて**不快そうな表情になってしまい、メンバーに非言語で**「余計なことを言うんじゃない」というメッセージを送ってしまう**かもしれません。

この**心理的柔軟性❶「必要な困難に直面し、変えられないものを受け入れる」**を磨くことで、このような思考や感情にとらわれ、行動を制約されること無く、心理的安全性を高める行動を増やし、罰や不安を与える行動を変えることができます。

この**❶必要な困難に直面し、変えられないものを受け入れる、**つまり**困難な思考や感情**

をオープンに受け入れるためには、次の二つの観点で自分自身を見直すことが役立ちます。

1-1 「思考＝現実」から脱出する

1-2 イヤな気持ちを、コントロールするのではなく受け入れる

それぞれ、順番に見ていきましょう。

1-1 「思考＝現実」から脱出する

「思考＝現実」とは思考と現実が混じり合い、境目がない状態を言います[13]。

ここでいう思考とは、頭の中にいろいろと浮かんでくる言葉・音声やイメージのことです。いまこの瞬間にも、あなたの頭の中に「思考ってなんのことだ？」とか「そういうことね。それで？」とか、頭の中に浮かんでは消えていく言葉について、気づくことができるはずです。

「思考＝現実」については、次の絵を見ていただくと少し理解しやすいかもしれません。

図の左側のように、「思考＝現実」とは、色つきのメガネ、つまり思考や感情でつくられたバイアスを通して、世界を眺めている状態です。

私たちは、人間にはこういったバイアスがあるということを知っているので、「上司の機嫌が悪いから、いま企画書を持っていくのはやめておこう」などと、「不機嫌という感情」が上司の目を曇らせると考え、的確にその対処ができたりします。

一方で**自分自身が赤いメガネをかけている当事者**にもなります。「若い・年老いた」「男性・女性」「理系・文系」の仕事という赤いメガネをかけて、アウトプットを眺めてしまっていることには、意外と無自覚です。

そして、**この赤いメガネは、言語や思考や**

図 2-5：思考と現実の切り分け

感情といった、私たちが幼少期から、何十年もかけ続けているメガネです。だからこそ、**「赤いメガネをかけていない人などいない！」という前提に立つことが重要**です。

この赤いメガネは、あまりに自然に私たちの目元にあります。そのため、自分が赤いメガネをかけていることを認識することは、「空気に囲まれていることを日々自覚しながら生きる」ことと同じくらい難しいのです。

もしかしたら、「私は、それ、できているなあ。赤いメガネを外して、フラットに見ているなあ」と考える人もいるかもしれません。

少し複雑ですので、落ち着いて、深呼吸して読んでいただきたいのですが、まさにこの「私は、それ、できているなあ」という思考が頭に浮かぶ時、この思考によって「自分が実際にできている」ということが現実のように感じられます。

しかし、**こう感じられていること自体が、色メガネを通して見たあなたにとっての「現実」**であり、これこそが「思考＝現実」がいとも簡単に起こるという実例です。

実際に「思考＝現実」から自由になっているときには、「私は、それ、できているなあ」ではなく、『私は、それ、できてるなあ』という考えを私はもっているなあ。ホントかどうか知らんけど」くらいに、**「思考を軽く取り扱う」**ことができます。

「思考＝現実」による問題

この言語の持つ力についての詳細は、第4章へ譲りたいと思いますが、この節で理解しておきたいのは、この「思考＝現実」があると、一人の個人として問題を抱えるだけではなく、チームを導くリーダーとしても、さまざまな問題を孕むということです。例えば、次のようなものです。

- 無意識のうちのバイアスやステレオタイプで人を判断してしまって、その人のポテンシャルを活かしきれなくなってしまう
- 過去の成功体験にとらわれてしまい、時代の変化へ追随できない
- 新しいノウハウや、やり方をチームに導入した際、メンバーからの反応が悪くても「チームのみんながおかしいのだ」と意固地になって軌道修正できない
- 「これがあたりまえ・常識」「現状が最善」として、フローやプロセスの見直しを怠る

要は、**現実のフィードバックよりも、思考を優先させてしまうことによる問題**が発生し、さらには**現実のフィードバックを繊細に受けとめる「感受性」が下がってしまうのが、この「思考＝現実」の問題点なのです。**

それでは、どうすれば「思考＝現実」から脱出できるのでしょうか。それには「思考＝現実」にまずは気づき、そして「思考＝現実」の「＝」を弱めることです。

「思考＝現実」に気づく

自分自身が、一点の曇りなく正しく、「どう考えても、それはおかしい」と感じられる時はないでしょうか。こういったときが、「思考＝現実」に気づくチャンスです。

「どう考えても、それはおかしい」と感じられる時、つい相手の「すべて」を否定してしまいそうになります。しかし、その相手が生まれてから死ぬまで、全人格的に、全局面で、全面的に邪悪なわけではないはずです。

そのため、多くの場合「その人の、その瞬間の行動や、判断がおかしい」に過ぎません。

あるいは、単にあなたの期待と相手の行動にギャップがあったに過ぎません。そして、そのようなことが何度か繰り返しあったに過ぎません。

このようなとき「白黒」をつけたくなったり、自分が悪くないことを証明しようとしたり、相手に非を認めさせようとしたくなったりします。そうすると、視野は狭まり、楽しいことや創造的なことに費やされるエネルギーが減り、思考に人生のスペースを制約されてしまいます（このようなとき、罰と不安で努力する状況が起こっています）。

しかし、「善か悪か」「白か黒か」といったことを証明しようとすることは、うまくいけば少し気が済み、うまくいかないうちはイライラするというだけで、多くの場合は決して生産的でなく、役に立つ行動ではありません。

あなたが「本当に正しい」時ですら、あなたの正しさを示し、相手の誤りをあげつらうことは、チームに心理的安全性を構築し、メンバーが一人一人輝く上では、役に立たないことが多いのです。

「白黒」で捉えようとしているなということに、まずは気づいてみましょう。「絶対におかしい」と思えるようなときが、そのときです。

「問いを変える」トレーニング

白黒思考に陥っているときは「問い」を変えてみると、脱出できることがあります。

つい、私たちは正しいか間違っているかの二択で判断するような問いの立て方をしてしまいます。好きか嫌いか、できたかできなかったか、AかBか、あれかこれか。YES／NOで答えられるクローズドクエスチョンの多くもそうです。その回答によって、つい「自分と似ている＝味方」「自分と似ていない＝敵」のように感じられてしまったりするからです。

そうではなく、オープンな問いを立てることで、「思考＝現実」の強烈な「＝」から、もしくは白黒思考から、脱出しやすくなります。

深呼吸して、「では、そんな相手にも合理的なところはないかな」とか、「相手の立場からすると、ついそういった反応をしちゃったのかな」と、「あるかもしれない、他の可能性」について、問いを立てて考えてみることで、白黒を弱め、むしろカラフルで多様な世界を生きていくことができます。

このような練習を活用していくと「思考＝現実」の「＝」を弱めることができます。

世の中では「間違った考え方は、修正した方がいい」という考え方が主流です。

しかし、心理的柔軟性の科学ACTでは、**考えそれ自体が正しいかどうか、その考えが真実かどうかは、あまり重視しません。**むしろ「＝」の**強さこそが問題であると**考えます。「＝」が強いというのは「思考にとらわれていること」と表現してもいいでしょう。思考にとらわれていることが役に立たないのは、**その考え方が間違っているかどうかは「文脈・状況による」から**です。

心理的柔軟性の考え方では、さまざまな思考に対して、「**いま、この状況・この文脈で役に立つのであれば、その考えを採用する**」「いま、役に立っていないのであれば、別の考え方を試す」と考えます。

そして、正解が時々刻々と変わりうる時代には、「考えていることが正しいかどうか」よりも「**考えていることの正しさへの執着」の方が、**チームの心理的安全性の構築においてて**より問題を大きくする**のです。

1-2 「イヤな気持ちのコントロール」から「受け入れ」へ

「イヤな気持ちのコントロール」とは、ネガティブな思考・感情・感覚・記憶と戦い、回避・コントロールしようとすることを言います。

専門用語では「体験の回避」とも呼ばれる、[14] この不快な思考や感情をなんとかコントロールしようとする戦いこそが、実は個人のレベルでも鬱や不安をはじめ、さまざまな問題を引き起こすことが知られています。

- 職場やプライベートで、ストレスを感じる出来事があったとき、飲酒で**不安や寂しさに対処**しようとする。
- 退屈なときや、寝る前に何か物足りない気持ちのあるとき、喫煙や夜食、あるいはゲームで**気を紛らわせよう**とする。
- 身体の痛みや、イヤな記憶を**忘れるため・考えないようにするため**に「こんなことを考えていてはいけない。何か別の楽しいことを考えよう」とする。

組織・チームに心理的安全性をもたらそうという文脈では、メンバー・リーダーの中にこの「思考・感情との戦い」を繰り広げる人が多いと次のようなことが起きやすくなります。

- トラブルや問題が発生した時、建設的に話し、助け合ってトラブルに対処するのではなく、メンバーを問い詰めたり責任を追求したりする。
- **安心するため**だけの検討を行い、情報は集まるが意思決定されない
- **失敗について考えることを避けよう**とし、必要なリスクの検討ができない
- 顧客のクレームやフィードバックから、適切な対応をしたり、改善点を学ぼうとするよりも「嵐が過ぎ去るのを**やり過ごそう**」とする
- 不安に起因する、マイクロマネジメントや細かな報告書の要求など「挑戦」をくじくマネジメントが行われる

不安や罰で駆動される、心理的「非」安全なチームは、まさにこの心理的柔軟性「1-2 イヤな気持ちの受け入れ」ができず、戦い続けてしまうところから来る部分も大きいのです。

こうして見ると、不安や罰によって人を努力させること、つまり、心理的安全性が低い

職場の弊害も見えてくるのではないでしょうか。

つまり、そのような職場・チームでは、**顧客への価値創造やメンバーの成長支援よりも、イヤな気持ちへの対処の方に時間とエネルギーを使ってしまう**ということです。

もっと言えば、イヤな気持ちのコントロールに集中することは、**イヤなものから逃れるために時間や労働力を使うということだから**です。

しかし、イヤなものから逃れ続け、たとえ逃れ続けることに成功したとしても、**行きたい場所、大切なもののところには、辿り着けません。**

ちょうど、プロサッカー選手になりたい少年が「練習するとケガするかもしれなくて、ケガすると痛いから、練習したくない！」と言うようなものです。サッカーの練習をする日々に比べ、相対的にケガする痛みが少ない日々を過ごせるかもしれませんが、サッカーを楽しむという喜びや充足感は失われてしまうのです。

「イヤな気持ちとの戦い」が無意味な理由はそれだけではありません。

長期的にイヤな気持ち（**思考・感情・感覚・記憶**）**を回避・コントロールし続けることは原理的にできない**、ということが知られています。

突然ですが、簡単なエクササイズをしてみましょう。

1分間「赤い風船について考えない」ようにしてください。絶対にです。


いかがでしょうか。

このように「〇〇について考えないようにする」ことは、ちょうど赤い風船と同じで「〇〇について考えること」を強めてしまいます。

風船だけではなく、不安や怒りや、あの記憶や、苦手なアイツ、についても同じで、**イヤな気持ち（思考・感情・感覚・記憶）については、コントロールは役に立たず、むしろコントロールこそが問題を作り出しているの**です。

なぜイヤな気持ちと戦い続けてしまうのか

「思考＝現実」と同じく、イヤな気持ちをコントロールしたいと感じること、コントロールしようとすることは、人間の抗いがたい習性のようです。なぜでしょうか。

私たちは、日常生活でさまざまな問題を解決します。部屋に不要なゴミが落ちていたら、拾ってゴミ箱に入れることができます。

ビジネスでもそうです。予算の問題であれば、プレゼンして予算を回してもらったり、リソースの問題であれば、デキる人を採用したり、システムを開発して自動化したり……と、ビジネスの現場では日々、問題解決が行われています。

このように、身体の外のこと、物理的な世界で「問題解決」をすること、そしてその問題解決がうまくいくことにより、「問題は努力したり適切に対処したら、コントロールできる・解決できる」という信念が生まれます。

この信念を持つことは、仕事ができればできるほど、成果が出れば出るほど、強まっていきます。そして、身体の外の問題だけではなく、心の中のこと（思考・感情・感覚・記憶）に対しても、コントロールしようとし始めるのです。

しかし、身体の外のことと、心の中のこと（思考・感情・感覚・記憶）では、仕組みが全く違います。部屋に落ちているゴミを拾って、ゴミ箱に入れたら問題が解決するようにはいきません。むしろゴミを捨てようとすることで、そのゴミは、心の中でより大きな存在感を持つようになってしまうということが、「赤い風船について考えないでください」という事例でした。

心理的柔軟性とは、立場・状況・文脈に応じて、役に立つ行動を切り替えることだと述べてきました。これはまさに、身体の外の「問題」という文脈では役に立つ、問題解決という行動が、イヤな気持ち、つまり思考や感情の「問題」という文脈では役に立たないという、一つの実例でもあります。

イヤな気持ちを受け入れ、味わう

個人のプライベートと、チームのビジネス、いずれにせよ「イヤな気持ちのコントロール」によって引き起こされる諸問題への**処方箋は**、**コントロールを諦め、受け入れること**です。「受け入れる」とは、**ネガティブな思考・感情・感覚・記憶であってもオープンに、そして自ら進んで、味わうこと**を言います。

それは要するに「配られたカードで戦うしか無い。それがなんであれ[15]」ということだし「それでも人生にＹＥＳと言う[16]」ことにほかならないでしょう。

結局、**何か条件が満たされれば、いつか苦痛などなく、イヤな気分が完全に追い出せてイイ気分でいられる、という幻想**を捨てなければなりません。そして、「人生には苦痛があることがノーマル」だし、「ビジネスでは、大変なことが起きるのがノーマル」だということを、心底受け入れ、理解していくことが重要です。

このように、ありもしない幻想（いつかずっとイイ気持ちでいられる）にしがみつくのではなく、地に足をつけ、前を向くために諦めること、そして「受け入れ」をはじめることを「**創造的絶望**」[17]と言います。

「受け入れ」ができているときは、**思考を単に思考として、感情を単に感情として、感覚を単に感覚として、記憶を単に記憶として体験しよう**とします。それらを、人生に存在してほしくない感情、思考、記憶として遠ざけようとするのではなく、ただ共にあろうとします。そして、実際にそうした方が、ネガティブな思考や感情に、支配されずにすむのです。

結局「受け入れ」は、ちょうどプロサッカー選手になりたい少年が、練習の辛さ・大変さを前向きに引き受けるのと同じように、**たとえ困難な思考や感情の体験があるとしても、人生の全ての体験にＹＥＳと言えるかどうか**、なのです。

それはちょーどよかった

トラブルが起きた時こそ、心理的安全性の４つの因子の一つ「②助け合い」因子がチームにあることが重要です。トラブルが起きたとき、

「それはちょーどよかった」

と、とりあえず唱えることをオススメしています。

まずは、トラブルに際してあなた自身がこれを唱える。ゆくゆくはチームに共有して、チームみんなで唱える。

そうすると、とんでもないトラブルでも、変えられないもの、つまりすでに起きてしまったトラブルや、トラブルに伴って出てきた思考や感情と戦うのではなく「受け入れる」ことがやりやすくなります。そして、犯人探しや、焦る気持ちに集中するのではなく、現実的な対処ができるようになります。

以前、私が講演会でお話していた時のエピソードがあります。

大学のホールを貸し切った、エンジニア向けのイベントで２００名以上の方が参加して

いました。開始から10分後、自己紹介や前説を終えてコンテンツに入った頃、突如として画面一面がブルースクリーンになってしまいました。

運営スタッフの方が、急ぎ演台に駆けつけて接続を確認してくれましたが、すぐには直りそうにありません。私は、普段どおり「それはちょーどよかった」をそのまま会場に向けて言ってしまうことにしました。

「ぼくらの会社では、こういう時、『それはちょーどよかった』って、とりあえず唱えるんですよ。トラブルは起きますけど、起きたことは変えられないので、いま誰かを責めることって、ブルースクリーンをなんとかする上で、なんの役にも立たないですよね」

エンジニアの方々を対象としたイベントで、ツイッターも活発に活用されるようなイベントだったので確認すると、

「トラブルがあっても『それはちょうどよかった』などといい具合に対処できる」

「ちょうどいいタイミング（?）でスライド投影が停止ｗｗ」

「ブルースクリーン。ちょうどいいタイミングだったなあ」

などと、トラブルすら肯定的に受け止めてくださる人がほとんどでした。

このトラブルがあったことで、私は心理的安全性や柔軟性のノウハウを「ただ喋るだけ

の人」から、実際に実践していて、目の前で起きたトラブルにも、柔軟に対処できる人だ、ということを示すことができました。

❶の柔軟性が足りない時、ついトラブルに際して、自分のイヤな気持ちへの対処を優先してしまい、「役に立たない正論」を部下やメンバーにぶつけ、チームの心理的安全性を下げてしまいます。

むしろ、「仕事をしている上でトラブルは起きる。特に正解のない時代において、トラブルや予想外が起きることは、単なるビジネスの前提に過ぎない。それを楽しもう」という柔軟な姿勢がおすすめです。

心理的柔軟性を身につける❷

大切なことへ向かい変えられるものに取り組む

ここからは、心理的柔軟性の二つめの要素、図の右側❷を見ていきます。❷で取り扱うのは、「大切なことへ向かい、変えられるものに取り組む」ことです。

❶「必要な困難に直面し、変えられないものを受け入れる」では、それが行動を起こす際の心理的な抵抗を減らすことをお伝えしました。この❷「大切なことへ向かい、変えられるものに取り組む」は、**前に進むための推進力を与える**[18]もの、つまりは「行動を増やす」ための柔軟性だと言えます。

この「推進力」は、仕事の基準（スタンダード）について思い出していただくと役に立つかもしれません。心理的安全性が低い「キツい職場」では、基準を引き上げ、人々を努力させるために**罰や不安によるマネジメント**をします。

心理的安全性が高い「学習する職場」では、仕事の基準を引き上げ、人々の行動を促し、働く意味と意義をもたらし目標へと後押しします。つまり、心理的安全性を機能させるものが、この**❷「大切なことへ向かい、変えられるものに取り組む」の心理的柔軟なリーダーシップ**なのです。

この❷「大切なことへ向かい、変えられるものに取り組む」ためには、

2-1 大切なことの明確化・言語化
2-2 大切なことへ向けた、具体的な行動

の2つに取り組むことが重要です。

2-1 大切なことの明確化

個人であれ、チームであれ、組織であれ、企業であれ、何のために何を大切に活動しているか、**明確に言語化すること**は思いのほか重要です。大切なものが明確ではなく、混乱

していることによって仕事やチームへはネガティブな影響を受けます。

例えば、意味・意義が分からなくては目の前の仕事はすぐに単なる作業になります。「やらされている・こなしている」仕事はお金を稼ぐ手段に過ぎず、「我慢するもの」へと落ち込んでいきます。

組織やチームとしても、ビジョン、ミッション、顧客、私たちは誰のための私なのか。[19]顧客との約束は何か。そういったことを明確にしておかなくては、すぐに「とりあえず、売上利益がとれそうか」「いまのリソースでできそうか」「リスクはないか」「怒られずにすむか」だけで判断してしまうようになります。


一方、大切なことが明確になっていると、**チームメンバーや取引先にも高い水準を要求できる**のです。大切なことが分かっていないと、**見かけの人間関係を重視して、基準の低い仕事で妥協する**ようになります。

個人として大切なことを明確にすること。プロジェクトやチームとして、あるいは会社組織として大切なことを明確にすること。このどちらもが重要です。


個人として、大切なことを明確にする上では、社会的に正しいとされていることや、誰かの意向に沿うことではありません。**他でもないあなたが本当のところ、何を大切にしたいか**を、自由に選択することが大切です。

いわば「大切なこと」とは、あなたが向かっていきたい方向を指し示すコンパスです。

2-2 大切なことに近づく行動

2-1の大切なことが、コンパスだとすると、この2-2は、明確にした**大切にしたいことの方向**へ、どのような行動をとって歩んでいくかを指します。

大切なところ、たどり着きたい場所に向かう途中でこそ、人は傷つきます。

だからこそ、大切なところへ**実際に向かおう・具体的に行動しよう**とした時、「失敗するんじゃないか」「断られたらどうしよう」「恥をかくんじゃないか」「まだ時期じゃない」などと、行動を止めるような思考が浮かんでくる可能性が高いのです。

例えば、仮にあなたが「法務としての自分」に誇りを持っており、自分なりにより良い仕事を模索していたとしましょう。そんな折に、「あなたは、あんまり営業が得意じゃなさそうだね」と言われても、そんなに傷つかないのではないでしょうか。

しかし、自分が大切にしていることで、大きな失敗をしたり人からできないと思われることは、容易に人を傷つけます。

だからこそ、向かいたい場所に対して、あえて「やりたかったけれど、時間がなかったのでできなかった」と理由付けをしたり、「準備が整うまで」向かわずにいたり、「完璧なものができるまでと考え、手元で期限ギリギリまで熟成させてしまう」のです。

これら「大切なことへ向かう」際に出てくるネガティブな思考は、ちょうど柔軟性①で扱った「困難な考え」そのものです。この「困難な考え」と戦いを繰り広げると、大切なことに向けて行動するリソースが消費されてしまい、行動もとれなくなっていくのです。

この意味で、❶と❷の柔軟性は強いつながりがあります。

❷「大切なことに近づく行動」は、単に「行動しましょう！」ということではありません。あくまで**「大切なことへ近づく」行動**であることが大切です。

はじめは「大切なこと」へ向かっていたはずなのに、気がついたら違う方向へズレていることがあります。学生時代、定期試験前に部屋の掃除や机の上の片付けをしませんでしたか。

掃除や片づけは行動ですが、試験前夜という文脈では、役に立つ行動ではありません。

いま自分のとっている行動は、もしくはチームのとっている行動は、「大切なことへ近づく行動だろうか」を振り返りながら行動を修正することが大切です。的に向けて石を投げて、当たった・外れたと一喜一憂するのではなく、「大切なこと」という動く的に向けて、ＡＩが搭載されたドローンが、近づきながら柔軟に軌道修正をしていくイメージです。

行動をやめずに、「大切なことへ向かっていく」

2-1で明確にする「大切なこと」はコンパス、つまり方向性でした。その大切なことの方角へ、長期的に向かう行動を取り続けることが、**2-2**「大切なことに近づく行動」でした（大切なことは複数持てるので、いま・この文脈で、どの大切なことへと向かうのが良いのか、柔軟に選択することも含めて）。

心理的柔軟に大切なことへ向け、行動を続けるためには、これまでとっていなかった**行動の選択肢が増えることが大切**です。

この正解がない時代に、大切なことへ向かうための新しい行動を試すことは、「信じて、飛び込む」ようなものです。

もしかすると「信じて飛び込んだ」結果、失敗すること、思ったように反応がよくないこと、拒絶されたり、恥をかいたりすることもあるかもしれません。

しかし「長期的」に大切なことへと向かっていくためには、一度、二度と、信じて飛び込んで失敗した程度で、行動をやめてはいけません。失敗の後、再度また、時には小休止を挟んで、行動を修正し、「大切なことへより効果的に向かっていく」行動パターンを確立することが極めて重要です。


「心理的安全性」を組織にもたらす行動も、最初は拒絶されたり、反発を受けたりするかもしれません。

頭の中の声（思考）は「この組織では、心理的安全性の導入は無理なんだよ。まだ時期尚早だった」とか、「心理的安全性は大事じゃない。別の○○思考やチーム○○を試してみよう」、あるいは「私には、チームを導くことは難しいんだ」などと、ささやくかもしれません。

しかし、それらの「困難な思考」にあなたの行動の主導権を委ねず、「それはそれとして」行動し続けることが大切です。

チームにとって「大切なこと」の一つである心理的安全性の構築に向け、具体的にとる行動自体は、チームや組織に合わせて柔軟に変更しながらも、行動し続けることが重要です。

心理的柔軟性を身につける❸
マインドフルに見分ける

心理的柔軟性の最後の要素、図の真ん中の部分❸を見ていきます。

❸で取り扱う心理的柔軟性は「マインドフルに見分ける」ことです。

リーダーシップとしての心理的柔軟性では、文脈やチームの歴史に応じて「役に立つことをする」ことを強調してきました。

これは、この正解のない時代に、組織・チームに心理的安全性を育むためにも、「正解」となるような理論を鵜呑みにして、チームやメンバーの方向を見ずにインストールするのではなく、チームやメンバーの反応の方を重視して、柔軟にやり方や行動を変えていくことが重要だからです。

この心理的柔軟性❸「マインドフルに見分ける」は、まさに「**いま、この文脈で、柔軟で適切な行動をとる**」ために必要な要素です。

この「マインドフルに見分ける」とは、一言で言うと、**いま、この場で進行中の出来事に、気づき続けている**ということです。

このマインドフルな気づきが不足しているとき、私たちはつい**「心ここにあらず・上の空」**といった状態になってしまいます。

「心ここにあらず」とは、例えば上司との1 on 1の最中、あなたの話に上司は相槌を打ちながらも上の空で、この後に控えた役員への報告が気になっているような状態です。

あるいは、会議の最中に、上司が若手の部下から、予期していなかった「反論」をされた時、つい「俺は部長だぞ！　何も分かっていないくせに！」のような思考や、それに伴う強い感情が湧いてきて、若手の意見を冷静に検討できないといった状況を目にしたことはないでしょうか。

このように**「心ここにあらず」の状態になっているとき、「目の前で進行中の出来事に集中し、体験する」かわりに、頭の中の「思考」や、感情の渦」にとらわれてしまうのです。**このようなとらわれから脱出し「マインドフルに見分ける」ためには

3-1「いま、この瞬間」への気づきと集中

3-2「物語としての私」から「観察者としての私」へ

という二つに取り組むことが重要です。

前者では、特に「過去への後悔や、未来への不安」へのとらわれ、後者では、特に「〝自分〟という概念」へのとらわれを扱います。

3-1 「いま、この瞬間」への気づきと集中

「いま、この瞬間」への気づきと集中が欠けている時、**私たちは過去の出来事を思い出し後悔したり、未来への不安に思い悩んだり**してしまいます。

これによる問題点は、視野が狭くなり、五感で捉えている眼の前の現実よりも、頭の中の思考を優先し、それにリアリティを持ってしまうことです。

例えば、クルマを運転している時、ふとイヤなことを考えてしまったりする時のことです。仕事のことを考えてしまったりして、あわや事故かと思うような危ない目に遭い、現実の運転に集中を戻したことはないでしょうか。

このように、過去の後悔や未来への不安にとらわれ、いまこの瞬間に注意を向けられて

いない時が、問題となる状況です。

もちろん、過去と未来について考えること自体がいけないわけではありません。

過去を振り返り、自らの仕事の改善点を抽出し改善を試みたり、部下の良かった点を見出し、それを伝えることは、価値あることでしょう。未来について想いをはせ、計画を練り、シミュレーションを行うことにも、大きな価値があるでしょう。

問題は、言語が発達した私たち人間は、あまりにも「いま、この瞬間の体験」をすることが少なく、過去と未来、言語の世界を生きてしまっているということです。

このことを絵にすると、下のようになります。

図2-6：マインドフルな集中と心ここにあらず

同じ景色を見ていても、言語を持つ人間は、すぐ「いま・ここ」に存在しない、過去や未来について考えてしまいます。たとえ、そうすることが実際には思い悩むだけで、役に立たない時ですらそうなのです。

しかし、言語を持たない動物は、ただ世界を世界のまま見つめることができるのです。いま・この瞬間へ、柔軟に注意を向けることで、まさにいま・この瞬間に起きていることから学んだり、気づきを得て行動を修正したりできます。

「いま、この瞬間」とコンタクトしながらクルマを運転する時、カーブでハンドルを切ったら、車が実際にカーブを曲がるのを感じ、ハンドルを切りすぎたと感じたら少しハンドルを戻したり、スピードを緩めたりと「自分の行動への現実のフィードバック」を受けて、前に進んでいるはずです。

いま、この場で、「直接体験できない思考の世界」から「直接体験できる五感の世界」へと注目し直すこと、つまりこの瞬間にもマインドフルな集中はできるのでしょうか。ご自宅でも、通勤中でも、オフィスでも、それは可能です。そして言語というスキルさえなければ、そもそも私たちは、原理的にはいまこの瞬間の体験しかできないわけです。

感じている体感覚（文字を追う目の動き、手が紙やデバイスに触れている感覚、服や髪の毛が身体に触れる感覚）や、考えていること（例えば「運転でヒヤっとしたこと、たしかにあるな」「自動車の例は仕事と関係あるのだろうか？」など）へと注意を向け、気づきを向けて、いまこの瞬間を体験するかどうかの選択は、いつもあなたの手の中にあります。

マインドフルな状態をつくる

この「現在の瞬間に立ち戻る」能力を養うトレーニングとして、**坐禅・マインドフルネスの実践**があります。

マインドフルネスは、仏教・禅に由来する瞑想法ですが、マサチューセッツ工科大学（MIT）医学部のジョン・カバットジン名誉教授が1979年、マインドフルネスストレス低減法[20]として、医療の分野へと持ち込みました。

カバットジン名誉教授によって宗教性の除去されたマインドフルネスは、医学の文脈で1993年に教授の著書「マインドフルネスストレス低減法」（原題を直訳すると「災いに満ちた人生：ストレス・痛み・病気に直面するためのあなたの心身の智慧を活かそう」）が翻訳される形で日本国内へ持ち込まれ、2014年にビジネスの文脈では荻野淳也さんら率いるマインドフルリーダーシップインスティテュート（MiLI）が、サーチ・インサイド・ユアセルフというグーグル発の研修プログラムを、日本へと逆輸入しました。

マインドフルネス（あるいは、ヴィパッサナー瞑想）や坐禅は、さまざまなやり方があり、初心者が入門しようとした時「どれが良いのか分からない」と困惑してしまうこともありますが、**ポイントは「いま・この瞬間に注意を向け、この瞬間の体験に気づいていること」**と、そのために**「言葉の世界から距離をとること」**です。

すでに言葉を獲得した私たちは、「さあ、これから言葉の世界から距離をとってくださ い」と言われても、「距離を取るって、どうやるんだろう」と言葉で思考をしたり、「飽きてきたな」という考えが浮かんできたり、なかなか難しいのが現実です。

そこで、一つの方略としては言語を気づきのためのツール・媒介として利用することです。具体的には、「浮かんでくる思考、身体感覚、記憶、感情」などに対して「雑念」「ふくらみ」「さみしい」などと頭の中でラベルを貼っていくことです。

模式図的に書くと、図のようになります。

「いま・この瞬間とコンタクトし、この瞬間の体験に気づいていること」そして、そのために「**言葉の世界から距離をとること**」というポイントが満たされるのであれば、さまざまなやり方・流派がありますが、どれを選んでも大丈夫です。

ポイントさえ満たしてあれば、ご自身に合ったやり方でマインドフルネスや坐禅を実践するといいでしょう。マインドフルネスの流派の選び方よりも、マインドフルネスの**実践の方に、重きを置く**ようにしてください。

まずは、姿勢を整えて、椅子の上で5分、軽く目を閉じて、呼吸と身体感覚に意識を向け、お腹のふくらみやへこみに、「ふくらみ」「ちぢみ」とラベルを貼り、時折浮かんでくる思考に「雑念」とまたラベルを貼っては、呼吸と身体感覚に意識を戻す[21]、といったことを試してみるといいでしょう。

図2-7：言葉の世界から距離をとるラベル貼り

3-2 「物語としての私」から「観察者としての私」へ

「物語としての私」とは、自己紹介をしてくださいと言われた時の「私」のことです。私たちは、ごく自然に、名前、年齢、性別、学歴、所属、職業、スキル、表彰、実績、生き方、信念など、さまざまなものにこだわりを持って自分自身と「＝」で結びます。

こうした極めて日常的で、あたりまえに思える「物語としての私」も、この「＝」が強すぎると、心理的非柔軟な状態になってしまいます。

「物語としての私」の主要な問題点は、「自分らしさ」や「キャラ」を守るために、役に立たない行動を続けたり、チャンスでも行動を変えなかったりすることです。自分自身に紐づく、固定化した行動パターンを続けてしまうのです。その上、自分らしさを守るために、正当化や理由づけを始めてしまうというデメリットがあります。

ここで、エドモンドソン教授の心理的安全性の定義である「チームの中で対人関係におけるリスクをとっても大丈夫だ、というチームメンバーに共有される信念のこと」を思い出して下さい。そして、**対人リスクとは、自分自身が「無知、無能、邪魔、否定的」と思われるというリスクのこと**です。つまり、「私＝○○○」が毀損されるというリスクのことです。

チームの中で、この「**私＝○○○**」**が壊れることへの不安があるがために、成果を出すための仕事よりも、対人関係に対処しようとしたり、弱さを隠す仕事に従事しようとしたりする**のです。

このリーダーシップとしての心理的柔軟性 **3-2** 「物語としての私」から「観察者としての私」へは、まさにこの不安と対応する要素です。

リーダーとして、自己イメージを守ることに固執するのではなく、「物語としての私」を変えてでも、成果やチームを前に進めることにコミットすることを通じて、メンバーにその範を示すことができます。

「物語としての私」への執着とは、「**自分自身**

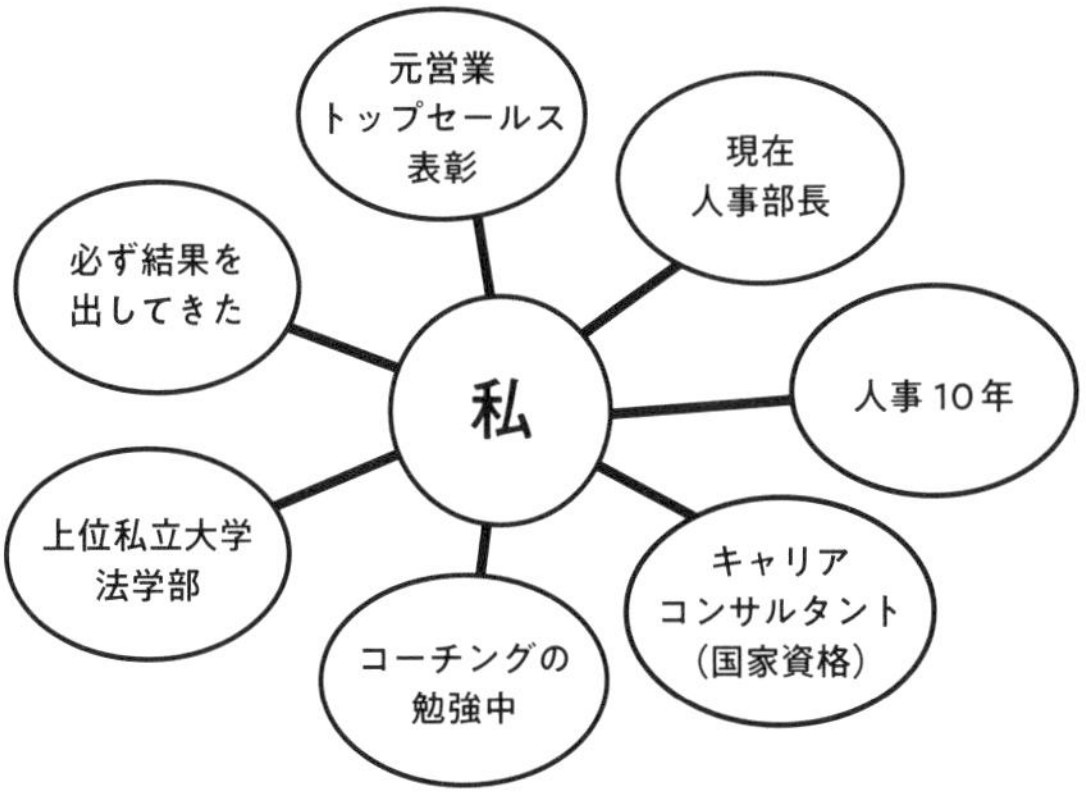

私
元営業
トップセールス
表彰
現在
人事部長
人事10年
キャリア
コンサルタント
(国家資格)
コーチングの
勉強中
上位私立大学
法学部
必ず結果を
出してきた

図2-8：自分の物語にとらわれる私

と「＝」で結んだ属性を失う方が、会社が大きな損害を出したり、自分自身が不幸でい続けるよりも〈痛い〉」と感じるということです。そして、そのアイデンティティを失わないために「他人・他社・環境」を責めるようになります。

一つ例を挙げましょう。組織の長が「自分は優秀な戦略家で、これまでも全て成功させてきた」といった物語と、自分自身をイコールで結びつけると、「戦略や方針が間違っていても、なんとか勝つまで撤退できない」ようになります。途中で撤退することは「優秀な戦略家」という自分自身のアイデンティティを脅かすからです。

これは、自己肯定感を上げましょうという話ではありません。自己評価が低い場合も、高い場合も、**その自分物語に「固執している限り」心理的柔軟性が失われ、問題の原因となる**点を理解することが大切です。

例えば「私はどうしようもなくダメだ」という、自己評価の低い自分物語は「自分には、こんな挑戦は達成できるはずがない」と、うまくいきそうな挑戦からであっても、あなたを遠ざけます。あるいは、やってみて、もしも素晴らしい結果が出たとしても、「こんなのはまぐれに違いない」と、本来であればその成功が、自分が磨くべき得意な分野・スキルを指し示しているかもしれませんが、その成功を自分自身が受け取らないようになります。

「私は非常に優秀だ」という自分物語も、自分が優秀でないと認めざるを得ない現実、例えば間違いや失敗を受け入れられないといった点で、心理的柔軟ではないのです。

心理的柔軟性 1-1 では「思考＝現実」のイコールを弱めましょうと書きました。実は、3-2 はさまざまな「思考＝現実」の中の一部分で、特別に扱うべきケースです。「思考」が、自分に対する物語、つまり、言語的な概念としての自分を指し、「現実」が、自分自身の現実を指します。

チームの心理的安全性の観点からは、リーダーや変革者の「物語としての私」が強いことは、これまでの方針や行動を、チームに合わせて柔軟に変えることができないという点で、大きな障害となります。場面ごとに適したリーダーシップの使い分けなど、望むべくもありません。

メンバーの心理的安全性という観点でも、物語としての私、つまり自分というキャラクターに固執することは、多くの場合「③挑戦」を阻害したり、「②助け合い」の「助けてもらう」行動を取ることを阻害します。

「観察者としての私」

「観察者としての私」とは、一言で言えば、「私＝世界を眺めているカメラ」という感覚で捉えられていることです。**自分の思考や感情、感覚や記憶を、他人の思考や感情、感覚や記憶を眺めるかのように、距離をとって観察できること**です。

いわば、「私＝世界を眺めているカメラ」という感覚で捉えられている時が、「観察者としての私」です。そして、この「世界」とは、自分自身の思考や感情など、あなたの頭の中に立ち現れる「世界」も含めたものです。

つまり「観察者としての私」とは、自分の思考や感情、感覚や記憶を、他人の思考や感情、感覚や記憶を眺めるかのように、距離をとって観察することです。そのような**俯瞰的な視点**を持っているとき、「これは私のキャラではない」などという、自分自身を制約する思考から自由でいられます。そして、仮に何かが失敗したとしても「自分自身が損なわれる感覚」を覚えずにすむのです。

寝坊をした時には、時計の針が巻き戻らない以上、「私＝ヤバイ！」「怒られる」という思考から冷静に距離をとって、必要な連絡を入れるなど、できることに集中する方が建設的でしょう。

私たちは、何か事件や予期しない出来事が起きると、ついそれに「反応」してしまいます。この「観察者としての私」は、その出来事と反応の間に、スペースをもたらします。このスペースこそが、行動の選択肢をつくるのです。
「観察者としての私」によって、このスペースを獲得することで、柔軟な行動のレパートリー、つまり行動選択肢が増えるわけです。

「観察者としての私」を体験するエクササイズ

自分自身がカメラという「視点」だとして、ファインダー越しに、思考や感情を覗いてみてください。30秒くらいで構いません。

いま、このワークの説明を聞いて「つまり、どういうこと」という思考が浮かんできたとしたら、それがファインダーの中に山が現れたかのように「つまり、どういうこと」という思考が現れ、あなたはそれを観察する存在である、ということになります（そして、なるほど、そういうことか！と思ったら、その思考もあなたは観察しています）。

この「観察者としての私」という立場にいると、あなたの頭の中に、どのような考えが浮かんできたとしても、**あなたはその思考を眺める側**であって、それに慌てたり、それに傷つけられたり、脅かされたりする存在ではない、ということが、もしかしたら体感できたかもしれません。そこは、人生で何が起ころうとも、ただそれを眺めている「安全な場所」なのです。

それはちょうど映画館で上映されている映像で、どんな悲劇やピンチがあったとしても、観客であるあなた自身を傷つけることができないのと同じようにです。

心理的安全な職場をつくる上で、健全なコンフリクトや、時に必要な厳しくも前向

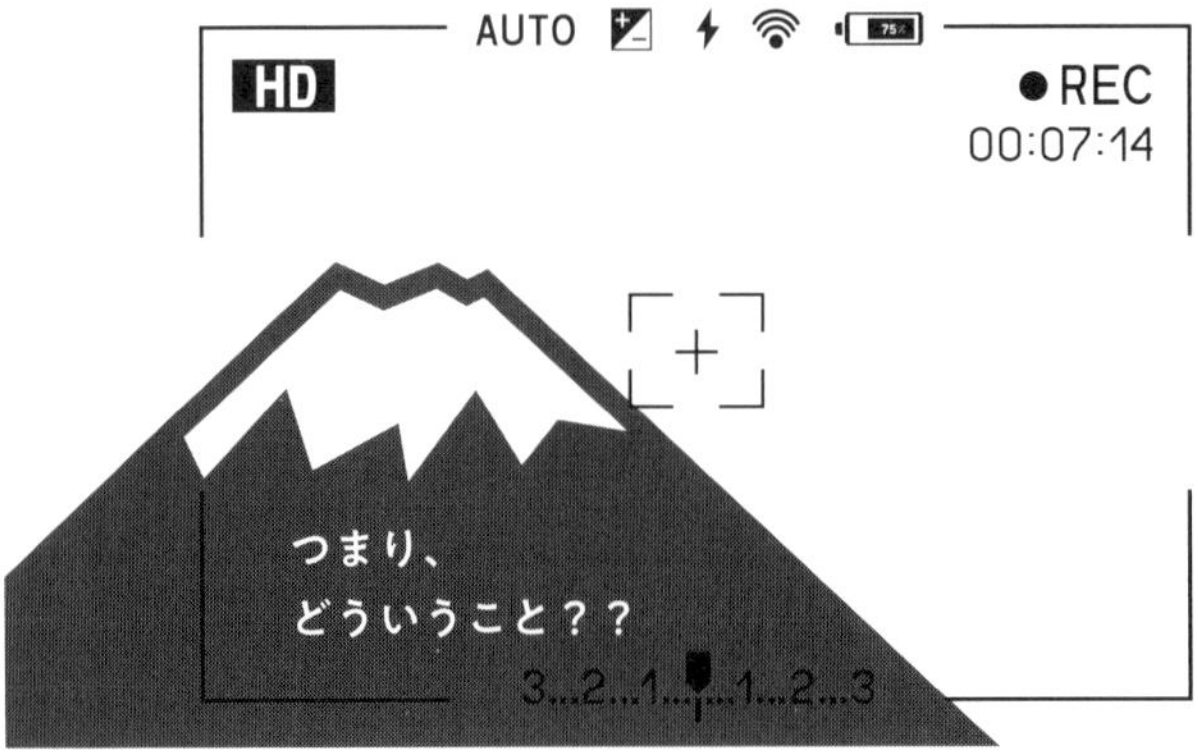
AUTO
HD
● REC
00:07:14
つまり、
どういうこと？？
3...2...1...1...2...3

図2-9：ファインダー越しに覗く思考

きなフィードバックは欠かせません。だから「気の重い仕事」も当然あるでしょう。「気の重さ」にとらわれる時、思考と注意は非柔軟になり、行動のレパートリーは制限されてしまいます。そんな時、この「観察者としての私」へと立ち戻り、思考の内容にとらわれず、適切な判断を下し、適切な行動がとれることが役に立ちます。

「ACT MATRIX」

2章の最後に「ACT MATRIX（アクト・マトリクス）[22]」と呼ばれる、心理的柔軟性のツール／ワークを紹介して、本章を閉じたいと思います。

ACT MATRIXは、次頁の図のように、水平線と垂直線、2本の線から成り立つマトリクスです。

図の上半分に「五感の体験」つまり、目に見える行動。

図の下半分に「精神的体験」つまり、目に見えない心の中のこと（思考、感情、感覚）。

図の左半分には「離れたい・逃げたい・回避したい」つまり、アンハッピーなもの。

図の右半分には「近づきたい・獲得したい・向かいたい」つまり、ハッピーなものが入ります。

このマトリクスを使うと、図のように、さまざまな体験を分類していくことができます。さまざまな「～した・された記憶」や「過去／未来の行動」は上半分に分類し、思考・感情・感覚は、下半分に分類できるでしょう。

たとえば、右下には「大切なこと」「～したいという考え」といった、近づいていきたい、獲得したい、向かいたいという思考を分類することができます。

ステップ1

頭の中には、いろいろな思考や感情が浮かんでは去っていきます。その浮かんでくる思考。つまり頭の中の言葉や、感情。そして身体の中の感覚や記憶を、このACT MATRIX

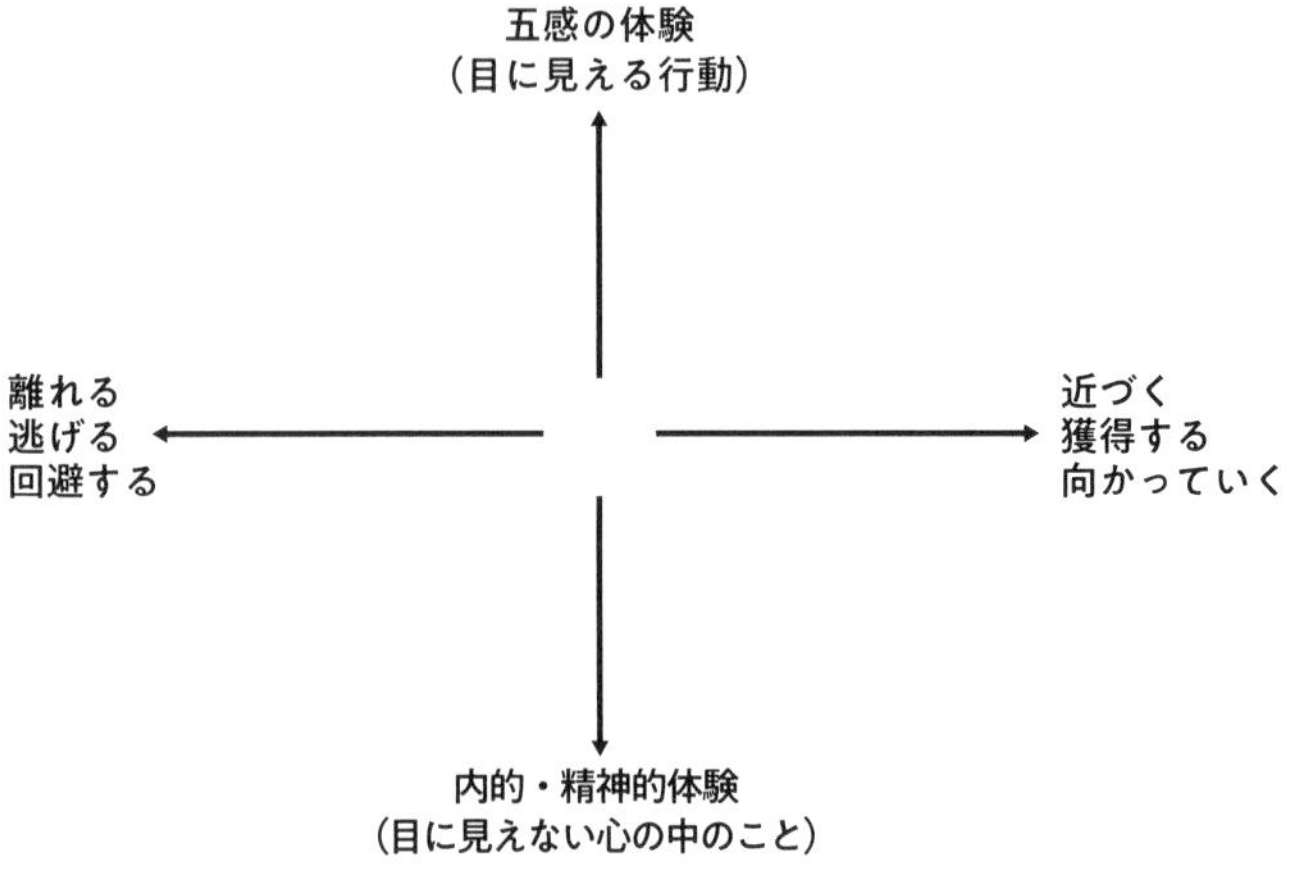

五感の体験
（目に見える行動）
離れる
逃げる
回避する
近づく
獲得する
向かっていく
内的・精神的体験
（目に見えない心の中のこと）

図 2-10：ACT MATRIX

に分類をしていってみてください。
もし「何も思いつかない」という方は、「何も思いつかない」という思考が浮かんできているわけですから、まず下半分においてみてください。そして、「何も思いつかない！」ことがネガティブに感じられるようでしたら、左下に分類してください。ポジティブに感じられるようでしたら右下に分類してください。

何か手がかりが欲しい方は、**心理的柔軟性 2-1 大切なことの明確化・言語化**について、考えてみてもいいでしょう。大切なことに向けて、実際に行動した記憶が蘇ってきたら、それは右上に分類しましょう。そしてその行動の過程で、不快な目にあったり、不快な思考や感情が出てきたのを思い出したら、

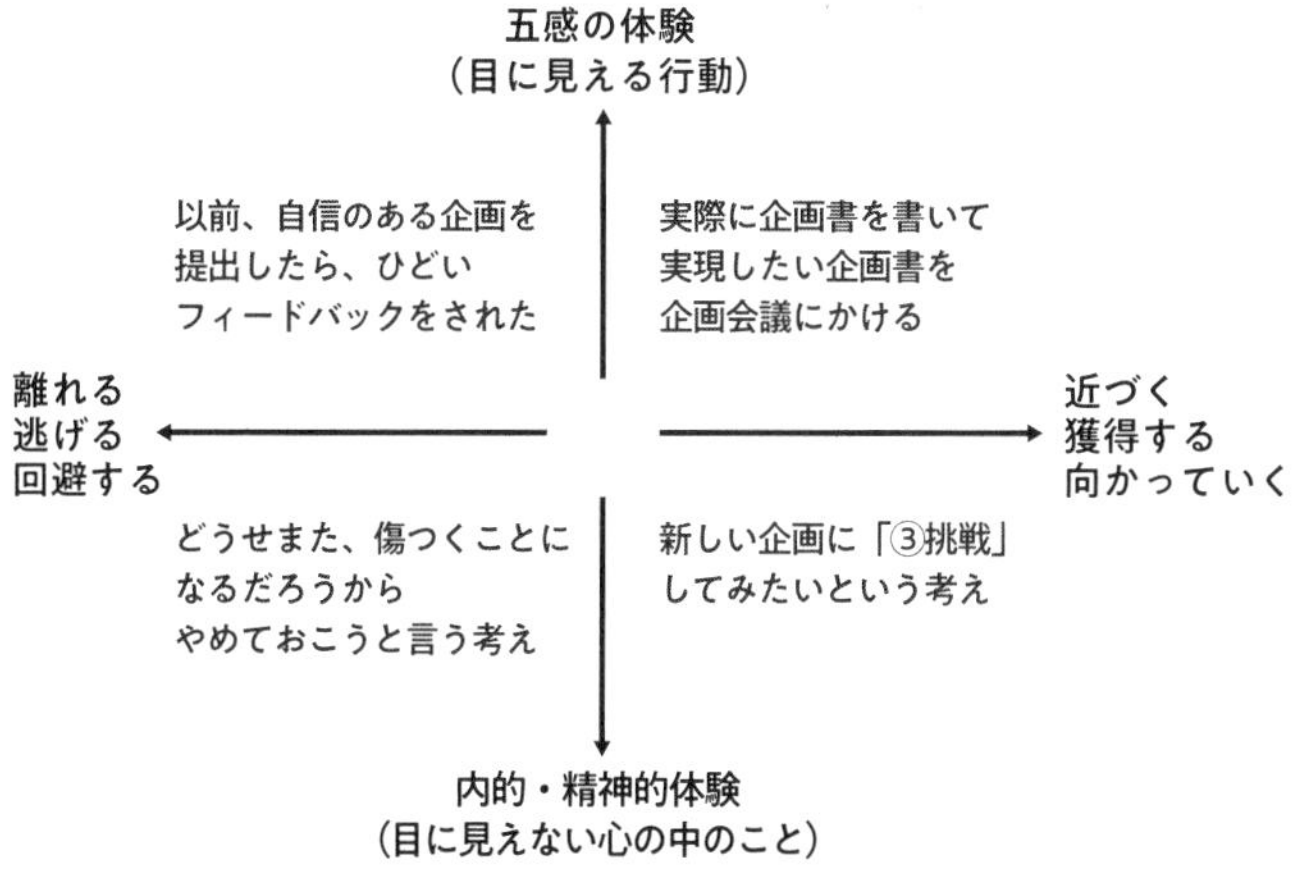

五感の体験
（目に見える行動）
以前、自信のある企画を
提出したら、ひどい
フィードバックをされた
実際に企画書を書いて
実現したい企画書を
企画会議にかける
離れる
逃げる
回避する
近づく
獲得する
向かっていく
どうせまた、傷つくことに
なるだろうから
やめておこうと言う考え
新しい企画に「③挑戦」
してみたいという考え
内的・精神的体験
（目に見えない心の中のこと）

図 2-11：ACT MATRIX　記入例

それはそれぞれ、左上や左下に分類できるでしょう。

ぜひ、2－3分で構いませんので、少し時間をとって、取り組んでみてください。

ステップ2

いま4つの象限に分類していただいたのは、他でもないあなたの思考や感情、そして感覚や記憶です。それでは、これらの思考や感情、感覚や記憶に気づいているのは、「誰」でしょうか。深呼吸して、それに気づいてみてください。


そうです。あなた自身である「私」が、この4つの象限それぞれに気づいています。

この時の「私」は思考でも記憶でも、感情でも感覚でもありません。

それらに「気づく側の存在：観察者」なのです。

この「観察者」としての感覚から、思考や記憶を眺める時、それら思考・感情・感覚・記憶に引っ張られるのではなく、距離をとって、柔軟に行動をとることができます。

こんな風に観察者の立場に気づくことができたら、観察者としてのあなたは、それぞれの4象限に対して、アプローチを変えることができます。

例えば、まずは図の左側から見てみましょう。

左上「離れる・逃げる」×「目に見える行動」

中でも繰り返しやってしまうような、役に立たない行動に気づくことができれば、一歩前進です。

例えば「メンバーからの提出資料への赤入れ（毎回クオリティが低く、何度赤を入れても改善しない）」という自分自身の行動に気づくことができれば、それが中長期で役に立たない行動だと判断し、できるだけ減らす方法を考えることができます。

左下「離れる・逃げる」×「目に見えない、心の中のこと」

このパートでは「気づいて、戦うのではなく、受け入れる」ことが重要です。

例えば、「メンバーの○○さんは、私のこ

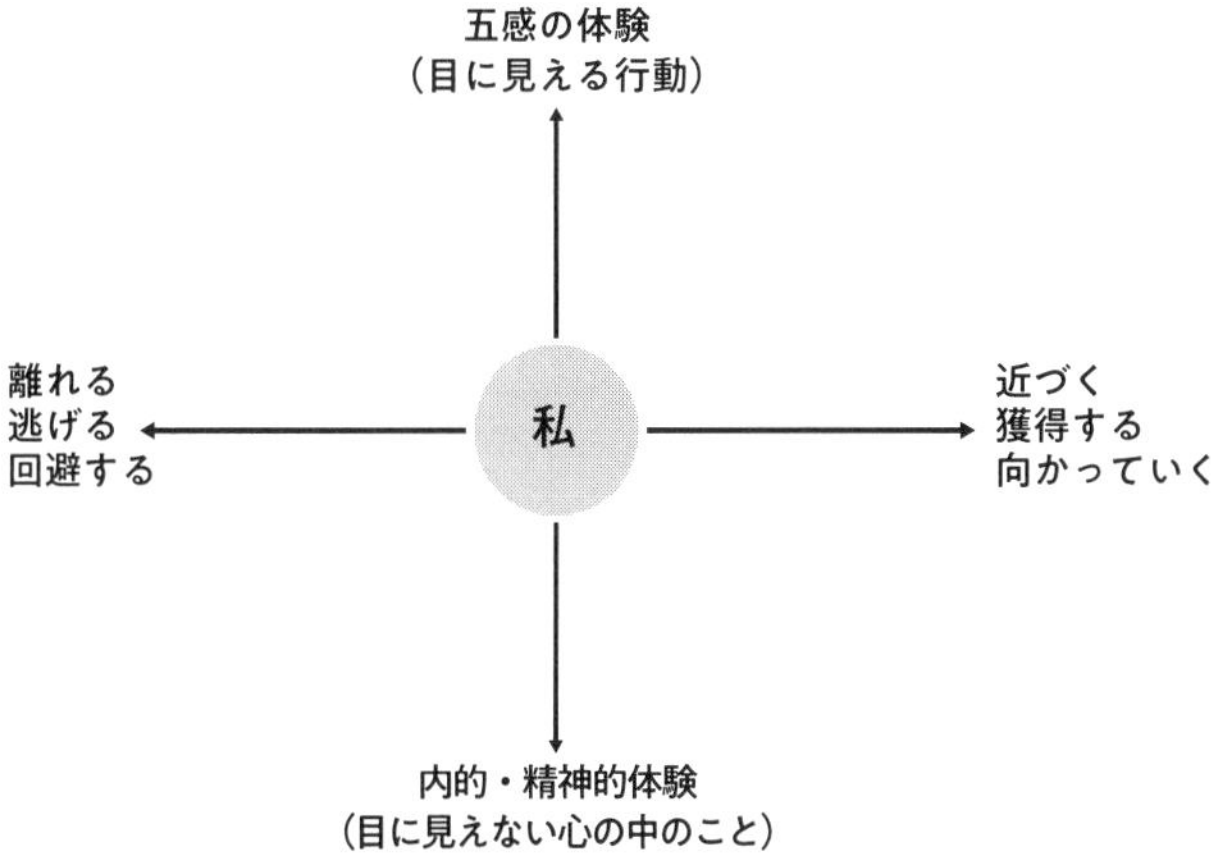

五感の体験
（目に見える行動）
離れる
逃げる
回避する
私
近づく
獲得する
向かっていく
内的・精神的体験
（目に見えない心の中のこと）

図 2-12：観察者はあなた自身

とを軽視しているから、こんなに赤入れをしているのに、直してこないに違いない」といった思考や、だからこそ、いつもはメンバーを問い詰めてしまう（これは目に見える行動なので、左上に分類できますね）といったことに気づくことができれば、その思考と戦うのではなく、ただ気づき・受け入れる**1-2**ようにしてみます。

次に、図の右側です。今度は右下から見ていきます。

右下「近づく・獲得したい」×「目に見えない、心の中のこと」

つまり、大切な事柄を明確にするのが、右下の象限では重要です。

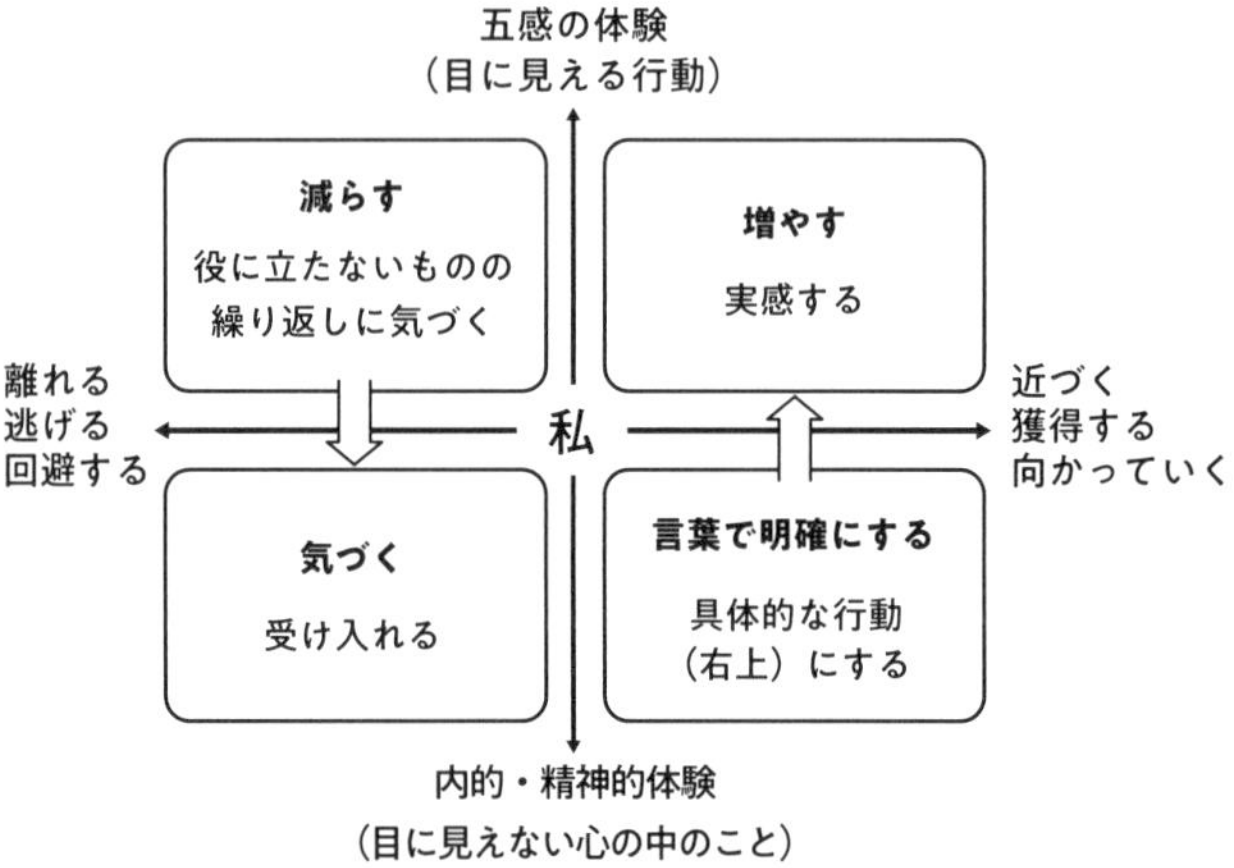

五感の体験
（目に見える行動）
減らす
役に立たないものの
繰り返しに気づく
増やす
実感する
離れる
逃げる
回避する
私
近づく
獲得する
向かっていく
気づく
受け入れる
言葉で明確にする
具体的な行動
（右上）にする
内的・精神的体験
（目に見えない心の中のこと）

図 2-13：より柔軟に役に立つ行動へ

ここでは「メンバーが一発で、クオリティの高い資料を提出してくれるように育成したい」などといった考えが浮かぶかもしれません。

そして、この大切なことに近づくために、あなたがとれる、具体的な行動を考えてみましょう。それが、

右上「近づく・獲得したい」×「目に見える行動」です。

例えばこのケースでは、「赤を入れて返すのではなく、時間をとって1 on 1で、どういう思考プロセスでこの一つ一つの赤を入れたのかを話し、メンバーの疑問点を解消してみよう」と考えてみることです。つまり、これまでのように赤を入れて返すだけではなく「①話しやすさ」「②助け合い」のギアを入れた対応をしよう、ということです。

この右上を実践しようとしたとき、左下に「うまくいかないよ」とか、「断られたらどうしよう」など、ネガティブな思考や感情が浮かんでくるかもしれません。

たとえそうだとしても、その思考や感情に引っ張られるのではなく、大切なものへ向かっていく、柔軟な右上の行動を取ることが重要です。

そして、右上の行動がとれている時、右下において言葉で明確にした「大切なこと」と合わせて「いま、まさに大切なことに近づく行動がとれている」ということを、実感しよ

うとしてみてください。

大切なことと、目の前の行動との繋がりを感じられることが、心理的柔軟性の「❷大切なことへ向かっていく」の重要なパートであり、仕事や生活において、有意義で豊かな時間を過ごすヒントとなります。

ACT MATRIXを使った2章のまとめ

ここで、リーダーシップとしての**心理的柔軟性の3要素**を思い出してみてください。

心理的柔軟性の3要素は「**❶必要な困難に直面し、変えられないものを受け入れ、❷大切なことへ向かい、変えられるものに取り組み、❸それらをマインドフルに見分ける**」ような、行動パターンのことでした。

これら3要素は、それぞれ2つに分解できました。

1-1 「思考＝現実」から脱出する

1-2 イヤな気持ちを、コントロールするのではなく受け入れる

2-1 大切なことの明確化・言語化
2-2 大切なことへ向けた、具体的な行動
3-1 「いま、この瞬間」への気づきと集中
3-2 「物語としての私」から「観察者としての私」へ

これら 3-1 以外を、1枚で表しており、そして 3-1 は、あなた自身が浮かんでくる思考や感情や記憶を、「気づいて分類する」ということによって実践させてくれるのがこのACT MATRIXなのです。

心理的安全性と心理的柔軟性

心理的「非」安全なチームとは、罰や不安に

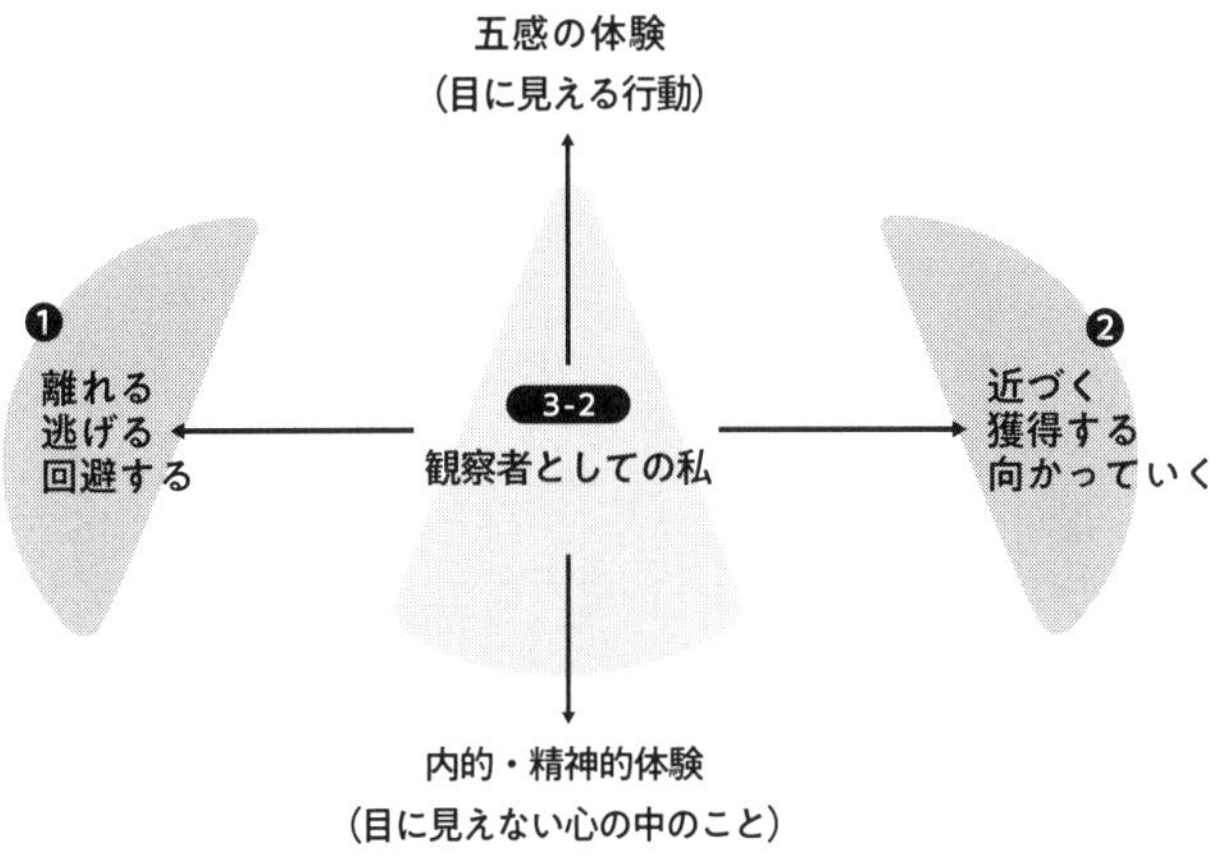

五感の体験
（目に見える行動）
❶
離れる
逃げる
回避する
3-2
観察者としての私
❷
近づく
獲得する
向かっていく
内的・精神的体験
（目に見えない心の中のこと）

図 2-14：ACT MATRIXと心理的柔軟性３要素

よってコントロールされるチームのことでした。

　罰や不安を避けるために努力できるものの、本当は必要な仕事、やった方が良いような仕事にも、これらの不安や罰への対処のため、ブレーキをかけてしまいます。

　つまり、一人一人のメンバーがACT MATRIXの「左下：罰や不安」に怯え、「左上：それを避けるための行動をとってしまう」とき、チームは心理的「非」安全です。

　心理的安全なチームは、そのような不安によるブレーキがないチームのことです。

　心理的安全なチームで、かつ「❷大切なことが明確」な時、心理的安全で、「高い基準（ハイ・スタンダード）」のチーム、つまり学習とハイパフォーマンスの出せるチームになっていきます。

　そのような時、チームに所属する人々は「右下：チームや自分自身にとって、大切なこと」が明確になっており、「右上：その大切なことに近づくための努力」をして、チームを、仕事を、プロジェクトを前に進めるのです。

　チームを変革させるリーダーである、あなた自身の心理的柔軟性をまずは伸ばし、あなたの行動をマトリックスの右側で満たしていくことからスタートしてみてください。

第3章

行動分析でつくる心理的安全性

Behavior Analysis

行動を変えるスキル「行動分析」

３章では「心理的柔軟なリーダーシップ」を志すリーダーに、**実際に自分自身とチームメンバーの行動を変え、凝り固まった「関係性・カルチャー」を解きほぐすためのスキル「行動分析」**をお渡しします。

組織・チームの、心理的「非」安全なカルチャーを変えるには、そのカルチャーを形作ってきた「歴史」を変える必要があります。歴史とは、一つ一つの反応や行動、トラブルや失敗がどのように対応されたかを組織・チームとして学習されたものです。

「行動分析」は、あなたも含めたチームの一人一人の行動を変容させ、一つ一つの反応や行動を心理的安全性に繋がるものへ変えることができます。また、メンバー同士の相互作用を行動分析のフレームワークで紐解くことで、「関係性・カルチャー」にまで影響を及ぼせるスキルです。

この「行動分析」は１９３０年代、ハーバード大学のＢ・Ｆ・スキナー教授が創始した学問[12]です。現在は応用行動分析（ＡＢＡ）や、認知行動療法など、主に心理学や精神医学の文脈で活用されている、１００年近くの時の試練を経て、有効性が確認されている行動変容手法です。

３章の前半部分では、この「行動分析」の基本的な枠組みをお伝えした上で「読者自身の行動・習慣を変える」取り組みを通じて、本手法への手触りを持っていただきます。

後半部分では、心理的安全性の４つの因子一つ一つを、行動分析を活用してどのように向上させるのか、具体的なケースを見ていきます。

「きっかけ↓行動↓みかえり」フレームワーク

心理的安全性と行動分析

心理的安全性の4つの因子「①話しやすさ、②助け合い、③挑戦、④新奇歓迎」はそれぞれ「行動」の集積です。

①話しやすさ：話す・聞くという行動
②助け合い：助けを求める・助けるという行動
③挑戦：挑戦する・歓迎する、機会を与える・機会をつかむという行動
④新奇歓迎：個性を発揮する・個性を歓迎する・適切な配置をするという行動

これらの行動がチームの中で多く見られるとき、そのチームは心理的に安全です。

この理想の状態を目指すためには、まず自分たちのチームのなかで、どのような形で行動が起こっているか／起こっていないのかをよく観察することが重要です。

「きちんと顔を向けて話している」「チャレンジの機会をつくっている」など、４つの因子に結びつく行動がすでに起こっていれば、どんどんと増やしていき、なければその行動が起きるようにします。

反対に「叱責」などのわかりやすい罰を与える行為はもとより、「絶対に失敗しないか」などと挑戦するモチベーションを下げる発言をしていれば、こうした行動や発言は抑制します。

こうしたことができれば、より心理的安全性を確保することにつながります。

そのため、この章では「行動分析」を活用し、これらの**望ましい行動を増やし、望ましくない行動を減らす方法**について、考えていきたいと思います。[3]

行動は「きっかけ」と「みかえり」で制御されている

行動分析の、最も基本的かつ重要なフレームワークが、左図の「きっかけ→行動→みかえり」フレームワークです。

これは「きっかけ」によって「行動」が起き、行動の後の「みかえり」が「行動」に影響を与える。つまり、**人々の「行動」は「きっかけ」と「みかえり」によって制御されている**と捉えます。具体例で考えれば、これは非常に明確です。

夏の職場で冷房がガンガンに効いていて、かなり寒いです。このままじゃ夏なのに風邪をひいてしまいそう。この**「寒い」と感じたことが「きっかけ」**になります。

その後は冷房の温度を、もう少し穏やかな温度へと上げに行くはずです。ここでは**「ボタンを押す」が「行動」**にあたるでしょう。

ボタンを何度か押すと「18℃」なんて、とんでもない温度設定だったものが、「28℃」と、比較的おだやかな温度へと変わります。そして、天井のエアコンから出てくる風も、少し温かな風に変わったようです。

この**「温度表示が18℃→28℃へ変わる」「出てくる風が温くなったと感じる」ことが「み**

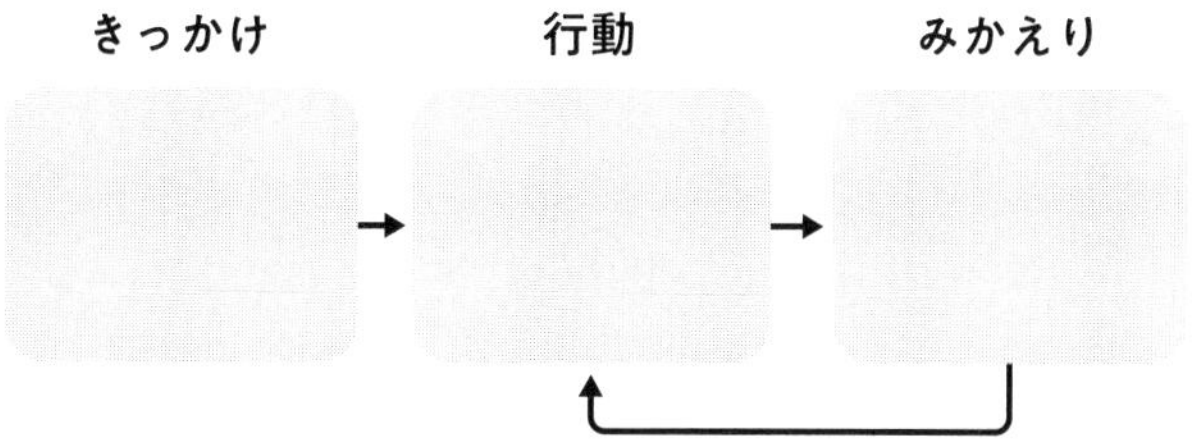

図3-1：「きっかけ→行動→みかえり」フレームワーク

かえり」です。この「みかえり」は、冷房を寒いと感じていた人にとって、ハッピーなものです。そして、この「みかえり」は「行動」に影響を与えます。それは、次回同じような「きっかけ」があったとき、**同じ「行動」をとる確率が上がる（強化）と考える**のです。

続いて同じシーンですが、この会社の冷暖房が集中管理式だったとしましょう。つまり、管理センターからのみ温度を変えることができ、部屋についているパネルでは、温度を変えることができません。あなたが転職初日で、この冷暖房が集中管理だということは知らないとしましょう。

この行動分析をしてみると、まず「きっかけ」と、「行動」は先ほどと同じです。冷房で寒い、と感じる「きっかけ」のもとで、温度を上げるボタンを押す「行動」をとります。

しかし「みかえり」はどうでしょうか。**表示温度は変わらないし、寒いまま**です。これは、アンハッピーです。

だから、この職場で寒いと感じても、**次回も「温度を上げるボタンを押す」という行動をとる確率は減少（弱化）**します。2、3回は、集中管理だということを失念していて、ボタンを押しに行ってしまうかもしれませんが、しばらくして職場に慣れてきたころには、寒いと感じても、温度を上げるボタンを押すためにパネルの場所に来たりはしないはずで

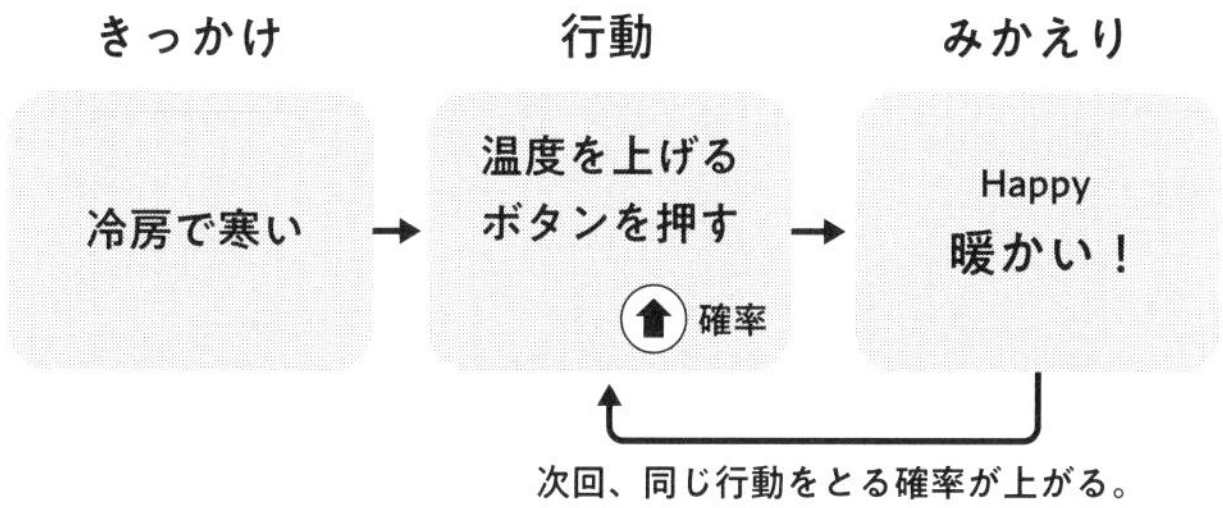
きっかけ
行動
みかえり
冷房で寒い
温度を上げる
ボタンを押す
確率
Happy
暖かい！
次回、同じ行動をとる確率が上がる。

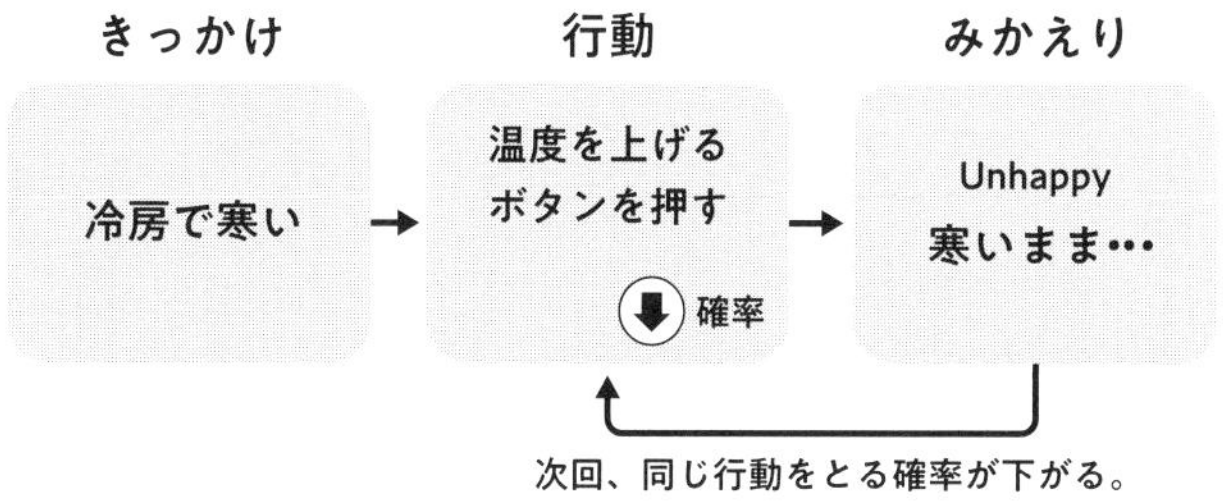
きっかけ
行動
みかえり
冷房で寒い
温度を上げる
ボタンを押す
確率
Unhappy
寒いまま…
次回、同じ行動をとる確率が下がる。

図3-2：温度を上げる行動の「きっかけ→行動→みかえり」

す。

このように、「きっかけ」と「みかえり」が「行動」を制御している事例を示しました。同じような「きっかけ」がある時に、同じような行動をとる確率は、「良い・ハッピーなみかえりなら増え（強化）」「悪い・アンハッピーなみかえりなら減る（弱化）」という制御の仕方です。

このように、行動の後に出現することで

次回、同じ行動をとる確率が

「増えるみかえり」のことを「好子《こうし》」

「減るみかえり」のことを「嫌子《けんし》」

と呼びます。

実は、**「行動の直後にみかえりがなくてはならない」というルール**があります。

正確には、行動の直後の「みかえり」（好子・嫌子）の影響の方が、中長期的な「みかえり」の影響よりも強い、という法則です。

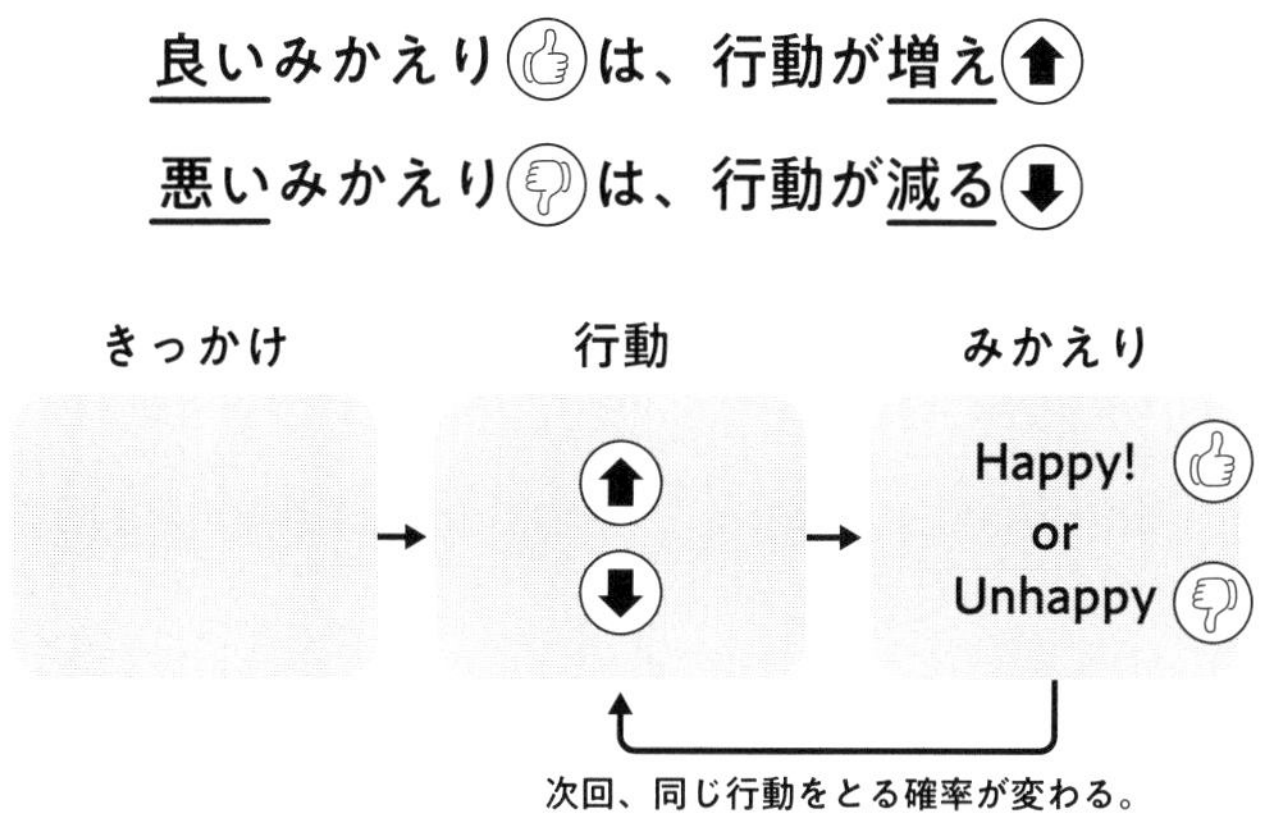

図3-3：「みかえり」で同じ行動をとる確率が変わる

筋トレは、長期的に見れば「筋肉がついた」というメリットがありますが、直後は「疲れていて苦しい」ために、続かなくなってしまうことがわかりやすい例ではないでしょうか。

「次回、同じ行動をとる確率」を考えるわけですから、行動分析は**毎日繰り返されるであろう行動を、よりよいものにしていくスキル**なのです。だからこそ、行動分析は、また明日も会う「チーム」や、時間を経て学習していく「組織」と、相性が良いのです。

「きっかけ」とは行動の文脈起点

行動を変えるためには、「きっかけ」も重要です。

「きっかけ」[4]は、「**いつ・どのような状況で**」その

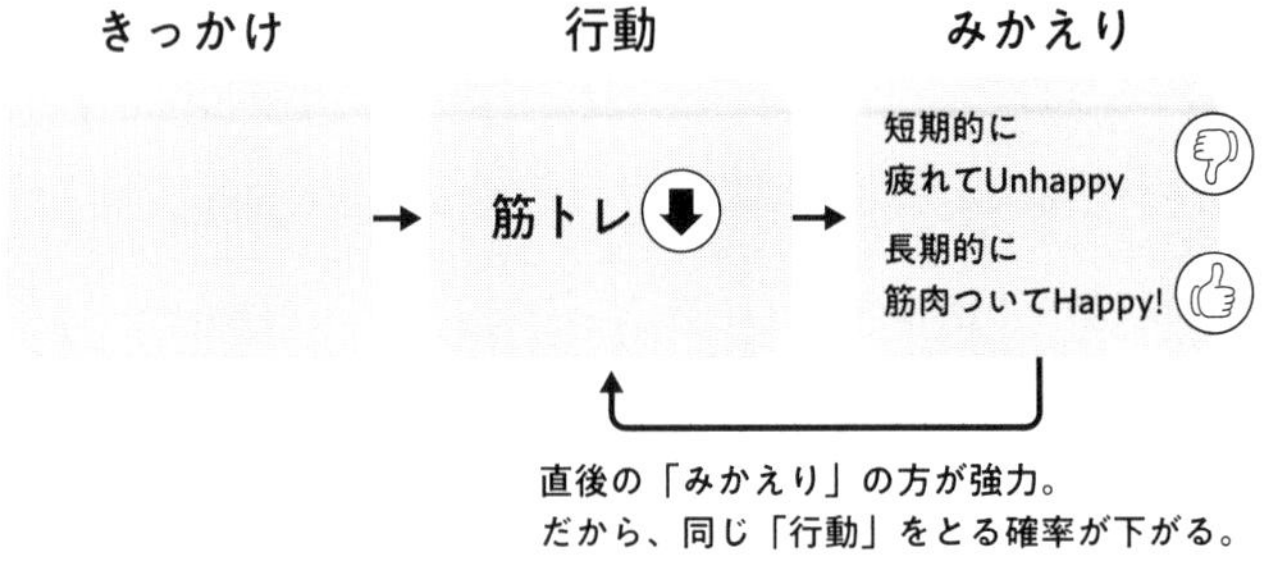
きっかけ
行動
みかえり
筋トレ
短期的に
疲れてUnhappy
長期的に
筋肉ついてHappy!
直後の「みかえり」の方が強力。
だから、同じ「行動」をとる確率が下がる。

図 3-4：影響が強いのは直後の「みかえり」

人が行動するか、という**行動の文脈を特定するもの**です。

みなさんが、新人や部下を見て「わかってないな」と思う時は、この「**きっかけ→行動」の繋がりがうまくいっていない時がほとんど**です。例えば、「重要なお客様からの重大なクレーム」という「きっかけ」があった時、本来はすぐに報告・相談という行動がほしいのに、実際には「2週間後の月次定例会で報告する」という「行動」をとるメンバーがいます。これは「きっかけ→行動」の繋がりがうまく機能していないということです。

逆に言うならば、**仕事や何かをを学ぶことは、適切な「きっかけ→行動」の繋がりを学ぶことだ**と言えます。例えば、営業であれば「お客様の表情が曇っているので→別の商品の説明をする」とか、経理であれば「10万円を超えるので→経費（消耗品）ではなく資産（固定資産）に仕訳をする」などがあてはまります。

このように、**適切な文脈で適切な行動を学習するという観点**からは「**きっかけ**」の「**場合分けを学ぶ**」ことが重要になり、適切なきっかけを素早く把握でき、柔軟にとる行動を変えることができることが、プロフェッショナルとしての習熟と言えるでしょう。

例えば、医師であれば、患者さんの訴えを聞いたり、患者さんの身体のさまざまな兆候を見て、可能性のある病気を絞り込み、必要ならばさらに検査をオーダーし、その結果を見て診断を下します。

これらは、学ぶ上でできるだけ見逃したくない、意識的に探すタイプの「きっかけ」であり、**「アクティブなきっかけ」**と呼べるものです。

無意識のきっかけに気づく

一方で、私たちの日常に紛れ込んでいるのは**「無意識のきっかけで行動が制御されている」**というケースです。

断ち切りたい悪習慣なども、実は「きっかけ」だと自覚していないような、ささいな事からスタートしている可能性があり、それを特定することは「きっかけ」を用いて行動変容をもたらすうえで、役に立ちます。

「無意識のきっかけ」、あるいは「気づいていないきっかけ」とは、どのようなものでしょうか。

例えば、「お菓子をつい食べてしまう」という行動をとっている人が、自分自身をよく観察すると、「手の届く範囲にお菓子のストックがある」というきっかけに気づいたりします。時々、お菓子のストックが切れている日があって、その日はお菓子を食べる量が減るのだとしたら、本人は気づいていないかもしれませんが、手元にあるお菓子のストックは、たしかに「行動」を制御しているわけです。

次に、同じ人が「ストックが切れたから、ランチのついでにコンビニで買おう」と考えたシーンをイメージしてみてください。

このとき「先にランチ。それからコンビニ」に行くか、「先にコンビニ、それからランチ」に行くかは、普通に考えれば、どちらでも差がないはずです。

しかし、この時前者のように「先にランチを済ませ、満腹な状態でコンビニでお菓子を探す」のか、後者のように「空腹の状態でコンビニでお菓子を探し、それからランチに行く」のかでは、コンビニで買うものの量が変わります。もちろん、満腹状態で選んだほうが、買うお菓子の量が少なくなります。

このように「これがきっかけで、この行動をとった」と、**意識できているわけではなくとも、さまざまな「無意識のきっかけ」が行動に影響を及ぼします。**

「きっかけ」は、一つとは限りません。一つの「行動」には、複数の「きっかけ」がある場合があります。そして、「時計が正午を示す」のような、視覚的なきっかけ、「周りの人がランチへ出ていくざわめき」のような、聴覚的・体感覚的なきっかけ、「モヤモヤしている」といった、思考や頭の中の声も「きっかけ」の一員なのです。

そのため、五感の「きっかけ」も、目に見えない心の中の「きっかけ」も含めて、「どのような刺激があるときに、その人は、その行動をとりますか」というのが、無意識のものも含めて「きっかけ」を特定するための質問となります。

「行動」と「行動ではないもの」

上手に行動分析を行うには、「行動」の箱に、正しく行動を入れる必要があります。一見したら当たり前のようで、非常に重要なことなのですが、行動とは「**とれる行動**」のことです。**とれる行動**とは「**やってみてください」と言われて、できる行動のこと**を言います。「やってみてください」と言われて、できないことは行動ではありません。「やってみてください」と言われて、できない行動は、三種類あります。

「**受け身**」「**否定**」「**結果**」**の3種は行動ではない**、と覚えておいてください。

行動にならないカテゴリ①「受け身」

受け身とはいわゆる受動態と呼ばれる「～される」のことです。つまり、「怒られる」「殴られる」「褒められる」「尊敬される」などは「行動」ではありません。

もう少し特殊な例で言うと、「ワクワクする」は、「～する」なので、一見行動のようですが、「行動」ではありません。「ワクワクしてみてください」と言われても、具体的な行動を起こせないからです。

こうした受け身は行動ではないので、「きっかけ→行動→みかえり」フレームワークの「行動」に置いてはいけない、ということになります。これは、単に定義をこねくり回しているのではなく、実

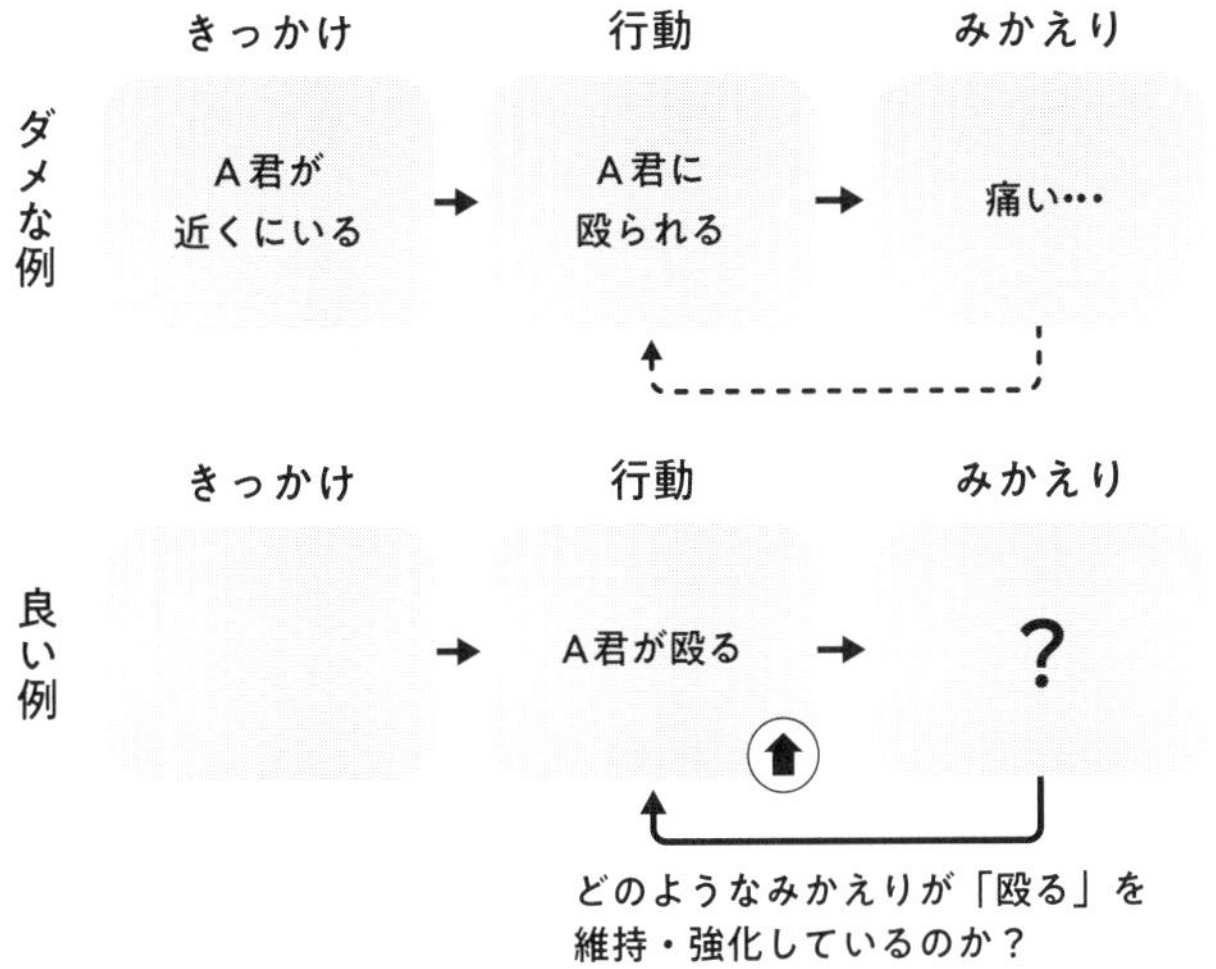

きっかけ
行動
みかえり
ダメな例
A君が
近くにいる
A君に
殴られる
痛い…
きっかけ
行動
みかえり
良い例
A君が殴る
?
どのようなみかえりが「殴る」を
維持・強化しているのか？

図 3-5：行動の主体は誰か

際に行動を変える上で重要だからです。

例えば、小学校でA君がB君を殴っているとしましょう。

このときB君の行動分析として、前頁の図の上側のように行動に「殴られる」を置いて行動分析をしたとしましょう。

B君からすると、みかえりは「痛い」。つまり、アンハッピーなはずですから、「殴られる」という行動は減るはずですが、殴っているのはA君なので、行動は減りません。

そうではなく、行動の主体である「A君」について分析し、「殴る」という行動を、どのようなみかえりが維持・強化しているのかを考えるべきなのです（図の下側）。

実践的な行動分析では、登場人物が二人以上出てくることがよくあります。「誰の」行動について考えるべきかを明確にするヒントとして、「受け身ではないか？」を考えることが役に立ちます。

行動にならないカテゴリ②「否定」

否定とは、「勉強しない」「出社しない」「メールしない」のような「〜しない」のことです。

このような「〜しない」で行動分析をしようとすると、うまくいきません。例えば、「B君が学校に行かない」という例で考えてみましょう。

「学校に行かない」とき、「学校に行かない」を行動の欄に置きません。図のように「B君が学校に行く」という行動を置いて、どのようなアンハッピーな「みかえり」が、確率減少・弱化させているのか、あるいは何が学校に行く「きっかけ」を奪っているのか、と考えます。

もう少し補足すると、「サボる」は、形を変えた否定形です。「資格試験の勉強をついサボっちゃう習慣をなんとかしたい」と考えた人は、その「サボる」を具体的な行動へ変換しましょう。資格試験の勉強をする代わりに、何をしているのかを考える必要があります。

このように、望ましい行動があまり起きていない場

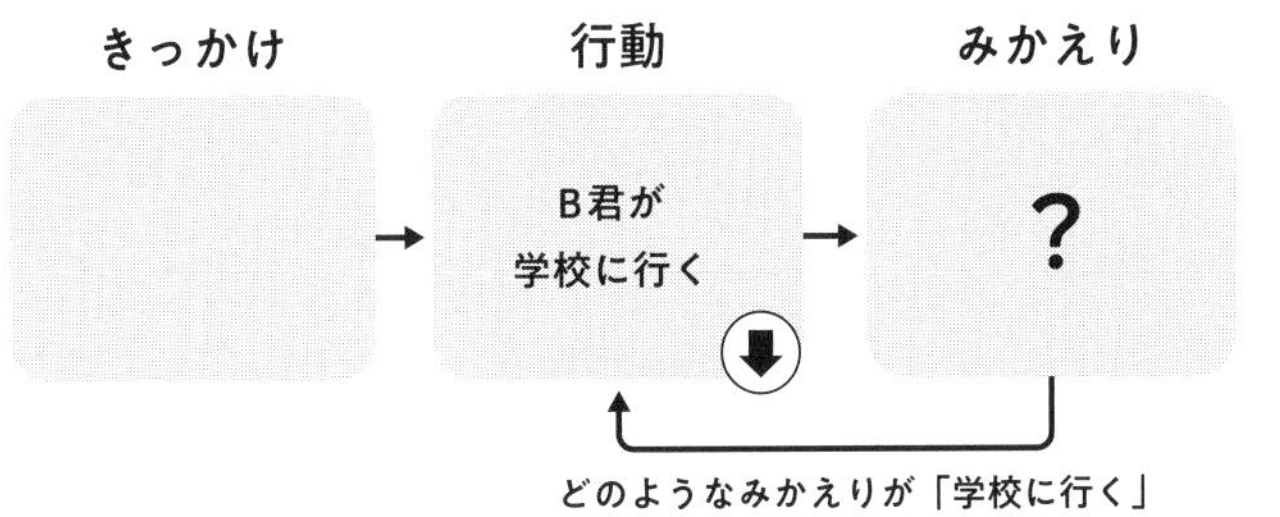
きっかけ
行動
みかえり
B君が
学校に行く
?
どのようなみかえりが「学校に行く」
を確率減少・弱化しているのか？

図3-6：否定形は肯定にして「みかえり」をみる

合は、「〜しない」とは書きません。「〜する」が確率減少していると捉えるか、望ましい行動を取る代わりに○○というやめたい行動をとっている、と捉えましょう。

行動にならないカテゴリ③「結果」

最後に「結果」です。

例えば、「勝つ」とか「勝った」とか、一見したら動詞のようですが、これらは「結果」に過ぎません。

「さあ、勝ってみてください」と言われても、「勝つ」ことは直接取れる行動ではなく、相手がいて勝ったり負けたりするからです。TOEICで何点取る、金メダルを取る、というのも、直接取れる行動ではなく、行動した「結果」に過ぎません。「お金持ちになる」なども、労働や節約や投資の「結果」ですから、行動ではありません。

「こころを落ち着かせる」「怒り」「悲しみ」なども、実は「とれる行動」ではなく「結果」です。例えば「怒りが湧いてきた」ということが、次の行動の「きっかけ」となって、「怒鳴り散らす」とか、「自室に移動する」といった行動を選択し、その文脈と行動に応じて「みかえり」を得るわけです。

このように、「受け身・否定・結果」は、行動**ではありません。私たちがここで取り扱う「行動」は、いわば「自発された行動」**[5]**なのです。**

また、行動はできるだけ具体的な行動で置くことが役に立ちます。「夜ふかししてしまう」場合も、具体的に寝る代わりに何をしているのかを考えてみましょう。

「みかえり」の4タイプ

ここからは「みかえり」[6]について、より詳しくお伝えします。

「みかえり」とは行動の「後」に現れるもので、「みかえりによって、次回に同じ行動をとる確率が変わる」と説明をしていました。そして、行動に影響を与えるには、「行動の直後にみかえりが

行動の可能性	みかえりのタイプ	みかえりの出現・消失
強化（増加）されるとき ⬆	①好子が	うまれた
	②嫌子が	なくなった ×
弱化（減少）されるとき ⬇	③好子が	なくなった ×
	④嫌子が	うまれた

図3-7：「みかえり」の4タイプ

なくてはならない」というルールも説明しました。

行動の直後に出現することで次回に同じ行動をとる確率を増やす、ハッピーなみかえりのことを「好子」と呼びます。また、次回に同じ行動をとる確率を減らす、アンハッピーなみかえりのことを「嫌子」と呼びます。

実はここまでは「好子・嫌子」について、行動の直後に「出現する」時だけを対象にして、少し単純化した説明をしてきました。

実際には、**「出現：好子・嫌子が現れた・うまれた時」**だけではなく、前頁の図に示したように**「消失：好子・嫌子が消えた・なくなった時」**もあります。そのため、**「好子／嫌子の2通り」**×**「うまれる／なくなるの2通り」**の、**4通りの「みかえり」**があります。

具体例を交えて一つずつ、見ていきましょう。

はじめに、行動の確率が増える2パターンです。この行動の確率が増えることを「強化」と呼んでいます。

①好子がうまれて、行動の確率が増える（強化）とき
これは、すでに見てきたように「寒い（きっかけ）」→「スイッチを押す（行動）」→「温かい（みかえり）」というパターンです。多くの継続できている行動は、このように好

子がうまれることによって行動が維持・強化されています。

仮に「いつも怒鳴り散らす上司」がいたとすると、その上司も「怒鳴り散らす（行動）」→直後に「部下が『すぐ対応します！』などと言う（みかえり）」ことで、怒鳴り散らすことによる、直後の好子が出現し、その怒鳴り散らすという行動が維持されているのかもしれません。

②嫌子がなくなり、行動の確率が増える（強化）とき

これは、新しいパターンです。今度は、上司に怒鳴られる部下の立場で物事を見てみます。

上司が怒鳴っている（きっかけ）という状況で「すぐ対応します！」と言う（行動）と、怒鳴っていた上司が落ち着く（みかえり）という状況です。これは、部下からすると、行動の後、嫌子（アンハッピー）で

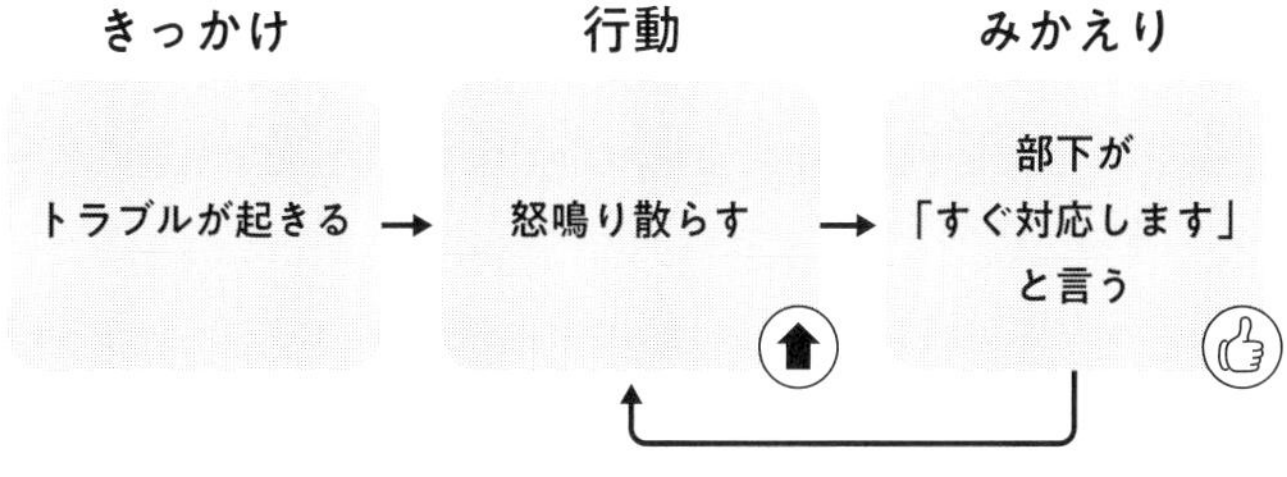

図3-8：上司が怒鳴る「きっかけ→行動→みかえり」

あるはずの「怒鳴られる」がなくなっています。

今回、嫌子がなくなることで、次回も上司が怒鳴っているという同じようなきっかけ（状況）で、「すぐ対応します！」と発言するという、同じ行動をとる確率が増えるわけです。

このパターンは他にもあります。「害虫駆除で、スプレーを吹き付けるという行動をとったら、嫌子である害虫がいなくなったというみかえりがあった」、「苦手な仕事から先に終わらせようとして、先にやるという行動をとったら、嫌子である終わってない仕事のプレッシャーから解放された」。このように、嫌なものを目の前からなくしたいので行動するというのがこのパターンに分類されます。

「消失」とはこのように、行動の前にはあったものや感覚が、行動の後には「なくなる」ことを言います。
①好子出現による強化も、②嫌子消失による強化も、

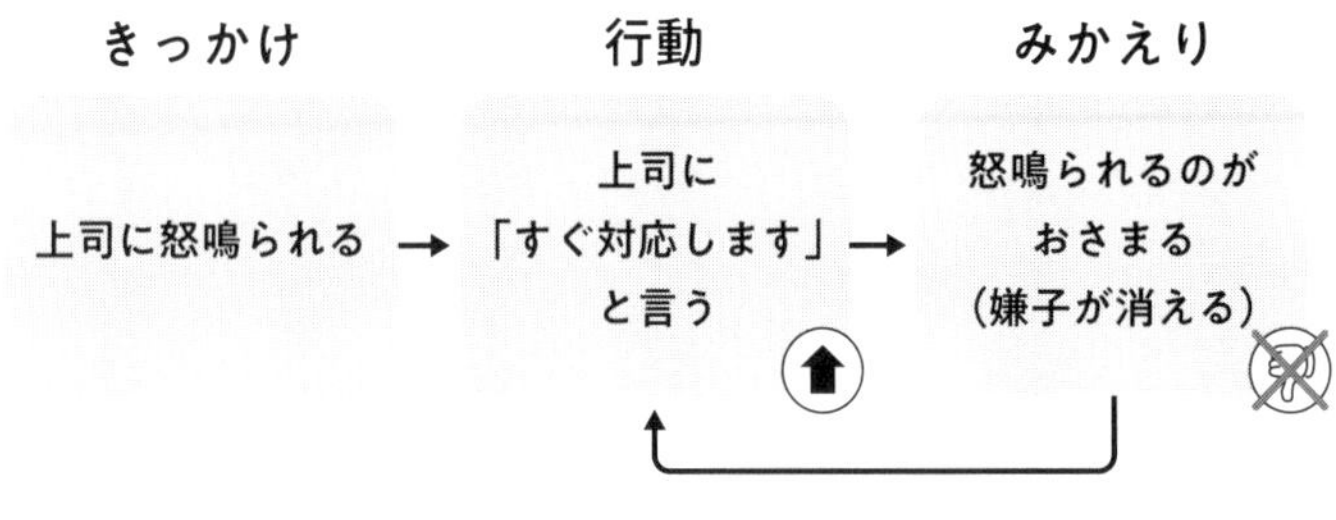

図 3-9：部下が「すぐに対応します」と言う「きっかけ→行動→みかえり」

いずれも「行動が増える」パターンです。しかし**この二つの違いは、前者が「したいことをする」、後者が「しなければならないことをする」**と言い換えることができる[7]でしょう。

あなたの「行動」は、相手の「きっかけ」や「みかえり」

ここでみた同じシーンを、上司側から見るか、部下側から見るかで、「きっかけ↓行動↓みかえり」の箱を、次頁の図のように二つ書くことができます。

ここで、上司から見た上司自身の行動「怒鳴り散らす」は、部下から見ると「上司に怒鳴られる」という「きっかけ」になっています。

一方で、部下の上司への「すぐ対応します！」という発言（行動）は、上司から見ると「みかえり」に該当します（好子出現）。

そして、上司が、それを受けて怒鳴るのをやめたとすると、部下から見た景色では、怒鳴られるのが収まるわけですから、嫌子消失の「みかえり」となります。

このように、あなたがとっている行動は、相手への「きっかけ・みかえり」となりえます。そして、相手の行動も、あなたの行動への「きっかけ・みかえり」となりえるのです。

その意味では、部下が「すぐ対応します！」という反応をすることが、上司の「怒鳴る」という行動を強化しているわけです。部下は、目の前の「怒鳴られ」を静めるために、中長期で怒鳴られる可能性を増やしているとも言えます。いわば、**上司の「怒鳴り行動」は、部下との「共犯関係によって維持・強化されている**」と言えるでしょう。

例えば、この上司がまったくカルチャーの違う企業に転職して、トラブルが起きた際に「怒鳴る」という行動をしたとしましょう。しかし、部下が「いまカッとされてるみたいなので、お話ができない状態みたいですね。落ち着いたら教えて下さい」などと、今までと違う対応をされたとしたら、「怒鳴る」行動は、もはや維持・強化されないはずです。

そのため、**相手に言われたことや状況に単に反応**

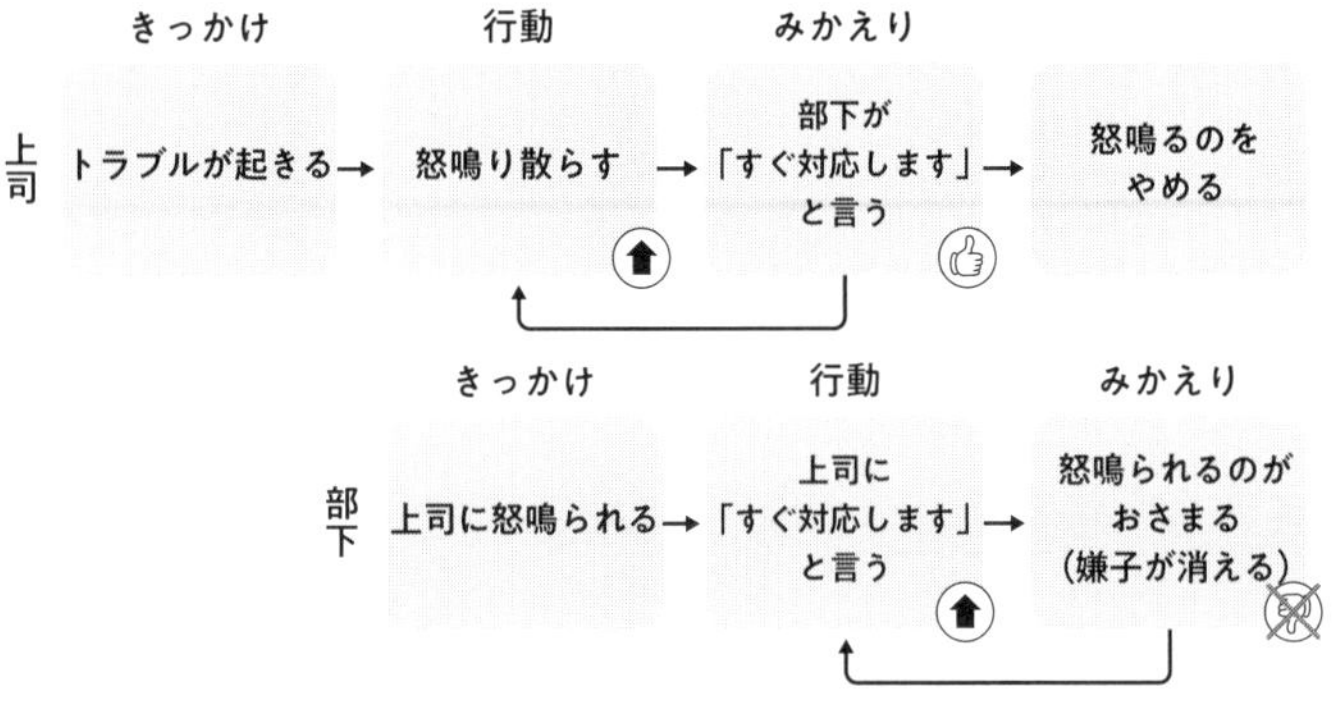

きっかけ
行動
みかえり
上司
トラブルが起きる
怒鳴り散らす
部下が「すぐ対応します」と言う
怒鳴るのをやめる
きっかけ
行動
みかえり
部下
上司に怒鳴られる
上司に「すぐ対応します」と言う
怒鳴られるのがおさまる（嫌子が消える）

図 3-10：上司と部下は補完しあう共犯関係

するのではなく、自分がこの行動を選択することは、相手にどのような「きっかけ・みかえり」をもたらすのだろうかと考えることが重要です。

③好子がなくなり、行動の確率が減る（弱化）とき

これも、新しいパターンです。

例えば「カンニングする」という行動を取ると（そして、発覚すると）、すでに獲得した出席点やレポートの点数（これは「好子」ですよね）が取り消されるとしましょう。行動の「前」にはあったはずの好子が、行動の「後」には消失することで、行動が減る（弱化）というパターンです。

この好子がなくなるパターンは、次に扱う「嫌子出現による弱化」と同じく「罰」のように感じられることも少なくありません。

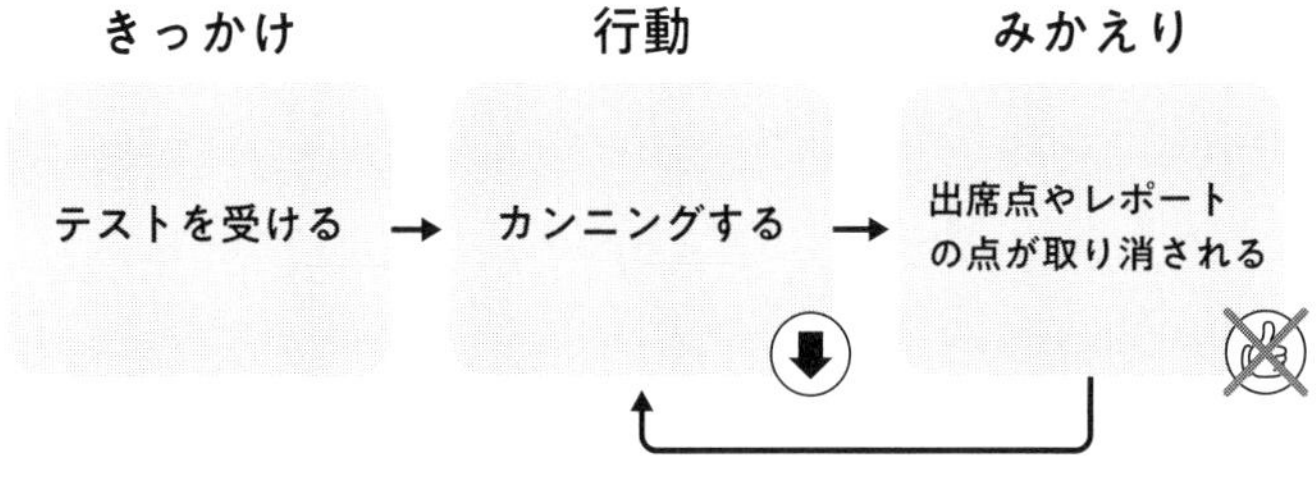

図 3-11：カンニングして点数を取り消される

④嫌子がうまれて、行動の確率が減る（弱化）とき

これもすでに見たパターンです。

ミスが発覚し（きっかけ）→上司に報告に行くと（行動）→問い詰められた（みかえり）ことによって、「ミスの報告」という行動が減ることが、この嫌子出現による行動弱化の例です。

この例は、確かに嫌子が行動を減らしていますが、詳細に検討すると面白いことが分かります。

ミスの報告を受けた上司は、ミスを減らしたいと思って、「問い詰める」という「みかえり」を与えました。しかし、その嫌子としての「みかえり」は、部下の「報告するという行動」の直後に起きています。つまり、上司がこのタイミングで問い詰めることは、その意図と異なり**ミスを減らすのではなく、部下の「報告を減らす」効果を持つ**のです。

つまり、嫌子で行動を制御しよう、減らそうという時には、**嫌子を与える直前の行動は、減らしたい行動かどうか**を検討することが重要です。

同じミスに対する対応でも、工場で先輩社員が新人を指導していて、間違った操作をした直後に指摘するのであれば、間違った操作を減らすことができるでしょう。

これらの「みかえり」を特定するには、はじめに「出現か、消失か」に目を向けましょう。

行動をとる前後を比べて、つまり「きっかけ」と比べて、何かが出現したり、消失したりしていないかを調べることが最初の一歩です。これは、目に見える物理的なモノ以外にも、「緊張が減った」「相手との距離が近づいたような気がした」など、行動した人の頭の中・心の中にある「みかえり」も含めて検討します。

その上で、その「出現・消失」した「みかえり」が、行動を増やしているのか、減らしているのかを特定しましょう。

嫌子による効果は疑わしい

最後に見た、ミスが発覚して報告に行くと問い詰められたというケースで、ミスが減らずに報告が減り、**叱られることがあまり役に立っていないように見えるのには、理由があります**。実は「嫌子」を使うことで、「行動をやめさせよう（弱化）とすること」は、あまり役に立たないことが研究によってわかっています[8]。

パワハラなどのように、「叱ること・怒ること、あるいは罰や恫喝という嫌子によって、行動を減らそう（弱化しよう）とすること」は、倫理的に問題があるだけではなく、**効果が疑わしい**のです。

これには三つの理由があります。

一つ目は、**嫌子出現による行動の弱化は、一時的なものになりがち**だからです。「一時的」というのは、怒られた直後は行動が減っても（弱化されても）、しばらく時間がたったり、怒る人が近くにいないときは、問題行動が減らない、ということを意味します。厳しい店長や課長がいる時は緊張感があるけれど、彼／彼女らが外出中はサボるというのは、例えばこういう状況です。

二つ目の理由は、怒られた側に不安・恐怖・怒りなどの、ネガティブな感情が生まれることです。不信感が生まれたり、攻撃性が増したりし、さらに怒った側も不愉快になるということが知られています。**ターゲットとすべきなのは、望ましくない行動を効果的に減らす**ことですから、ネガティブな感情が生まれることによって、別種の望ましくない行動が増えることは、効率的とはいえないでしょう。

最後の三つ目は、**叱る強さを上げていかないと意味がなくなっていく**ということです。実はこの嫌子の刺激（怒られる、罰されること）には、徐々に慣れてきます。効果的に行動を弱化するには、嫌子の強度を上げていかなくてはいけないのです。

　これら三つの理由を踏まえてでも、**嫌子出現によって将来にわたって行動を弱化しよう、**というときは、14個（！）もの満たすべき条件があります。「毎回、確実に嫌子を与えること」「逃げられない状況で与えること」などといったものです。しかし、その条件を満たし続けるよりも、ほかのやり方をとった方が「役に立つ」でしょう。

　同じような理由から　②「**嫌子消失による行動の強化」も、あまり機能的ではない**ことが知られています。例えば、常に上司が嫌子を与える存在であれば、上司から距離を取るようになります。これでは私たちが目指している「①話

	みかえりのタイプ	みかえりの出現・消失
強化（増加）されるとき ⬆	①好子が	うまれた
	②嫌子が	なくなった ⊗
弱化（減少）されるとき ⬇	③好子が	なくなった ⊗
	④嫌子が	うまれた

図 3-12：嫌子の「みかえり」は役に立たない

しやすさ」「②助け合い」は望むべくもありません。そして、脅されているに等しい行為により行動を取るのであって、心理的安全性の前提と考えられている「信頼と尊敬」という感覚は、ここにはありません。

ここまでの話をまとめると、次のようになります。

前頁の図で灰色に塗った**「嫌子を使うパターン」は、基本的には避けましょう。**

さらに、カンニングの例で③「好子消失による弱化」も、罰のように感じられることに触れてきました。問題行動を減らしたい時は、**問題行動の代わりとなる望ましい行動への「好子出現」が使えないか、まず検討**してみてください。その上で、どうしても必要なら、③「好子消失による弱化」を検討するという順序です。

いずれにせよ、嫌子による制御は避けたほうがよいでしょう。

「行動」の増減を観察する

実務的な応用をするとき、**「それは本当に好子・嫌子なのか」**ということは、常に検討の対象になります。例えば、お金というインセンティブをつけた制度を設計したのに、人々の行動が増えていないとしたら、それは、**そのインセンティブが現実には好子として**

働いていないのです。

報酬についての研究[9]では、行動自体が楽しいときに、その行動をとると金銭的なみかえりがあることをあらかじめ予告し、達成したときにお金を渡す、という条件下では、行動が弱化されるということが分かっています。この場合、金銭的な報酬は嫌子として働いてしまいます。

このように「これは喜ぶはず。これで行動が増えないのは、メンバーがおかしい」というように考えるのではなく、**実際に望ましい行動が増えたか、望ましくない行動が減ったか、という観点で、現実を見つめる必要があります。**

補足として「意図とは異なり、何も起きなかった」ことは、前後では何も変わっていないわけですが、一般的には「嫌子出現」による弱化（行動が減る）、と捉えてよいでしょう。

行動分析で行動を変える

個人を攻撃しても何も解決しない

「きっかけ」と「みかえり」で行動が制御されている、と捉えるものの見方を採用すると、**個人攻撃の罠**[10]**を避けることができます。**個人攻撃とは、例えば「あいつはやる気がないから」といった、個人の内面を責めるようなことを言います。

この表現をすると、あたかも「やる気」という、**人々が持つべき何かを、言葉通り彼が持っていないように感じられます。**しかし、実際には「やる気」という言葉で指し示しているのは、彼が遅刻したとか、不十分な資料を提出したとか、具体的な**複数の行動に対する「ラベルを貼っている」だけ**なのです（2章のブーケの例）。

ラベルを貼って「彼はやる気がない」と言うのは簡単なことです。しかし「やる気を出せ！」と言って、やる気になるのであれば、そんな楽なマネジメントはありません。

「個人攻撃の罠」の本質とは、**結局、個人の内面（やる気、自信、性格、能力など）を責めたところで、解決・行動変容には繋がらない**ということです。

もちろん「彼はやる気がない」という発言を聞いて、「締め切りまでに提出してこないだろう」という予測はできるかもしれません。

しかし周りの人々や、マネジャーや、あるいは本人自身が具体的にアプローチできる「きっかけ」と「みかえり」にフォーカスを当てた方が、「役に立つ（＝心理的柔軟だ）」はずです。実際に、「きっかけ」と「みかえり」を変えることで、行動に影響を及ぼせばよいのです。

他人の行動や、チーム・組織の行動を変えることより、自分の行動を変えるほうが簡単です。そのため、まずはこの節では「自分自身の行動を変える」こと、中でも「自分自身の悪い習慣（行動の持続）を断ち切り、よい習慣を身につける」ことを目標に、「きっかけ」や「みかえり」について、詳しく見ていきましょう。

自分の習慣を変えてみよう

この節では、実際に行動変容を起こすために、あなた自身の「やめたい習慣」について、行動分析をしてみましょう。

行動を変えるために、いきなり「きっかけ」や「みかえり」を考えるのではなく、いまの自分自身の「やめたい」習慣が、どのような「きっかけ」と「みかえり」で維持・強化されているのかを考えることが重要です。

ワーク：自分自身の「やめたい習慣」を行動分析する

ご自身の「やめたい行動・習慣」について、行動分析をしてみてください。

まずは「変える」ことを考えるのではなく、ただ「行動分析」をしてみましょう。

解説のため、一つ例を挙げます。どのような行動を、どのように分析するか、考えながら読んでください。行動分析の考え方の参考になるはずです。これは実際に、私たちの研修を受けたお客さまの事例です。

ステップ1　行動

「やめたい行動・習慣」をひとつ決める

事例では「つい食べすぎてしまう」をやめたい習慣としました。

ステップ2　きっかけ

いま決めた行動・習慣は、どのような時、どのような条件の時に起きるのか「きっかけ」を考える

次に「きっかけ」を考えます。「きっかけ」は**Q＆A形式で自問自答すると考えやすい**です。

Q いつでも、食べすぎてしまうのでしょうか？　ランチでしょうか？　ディナーでしょうか。

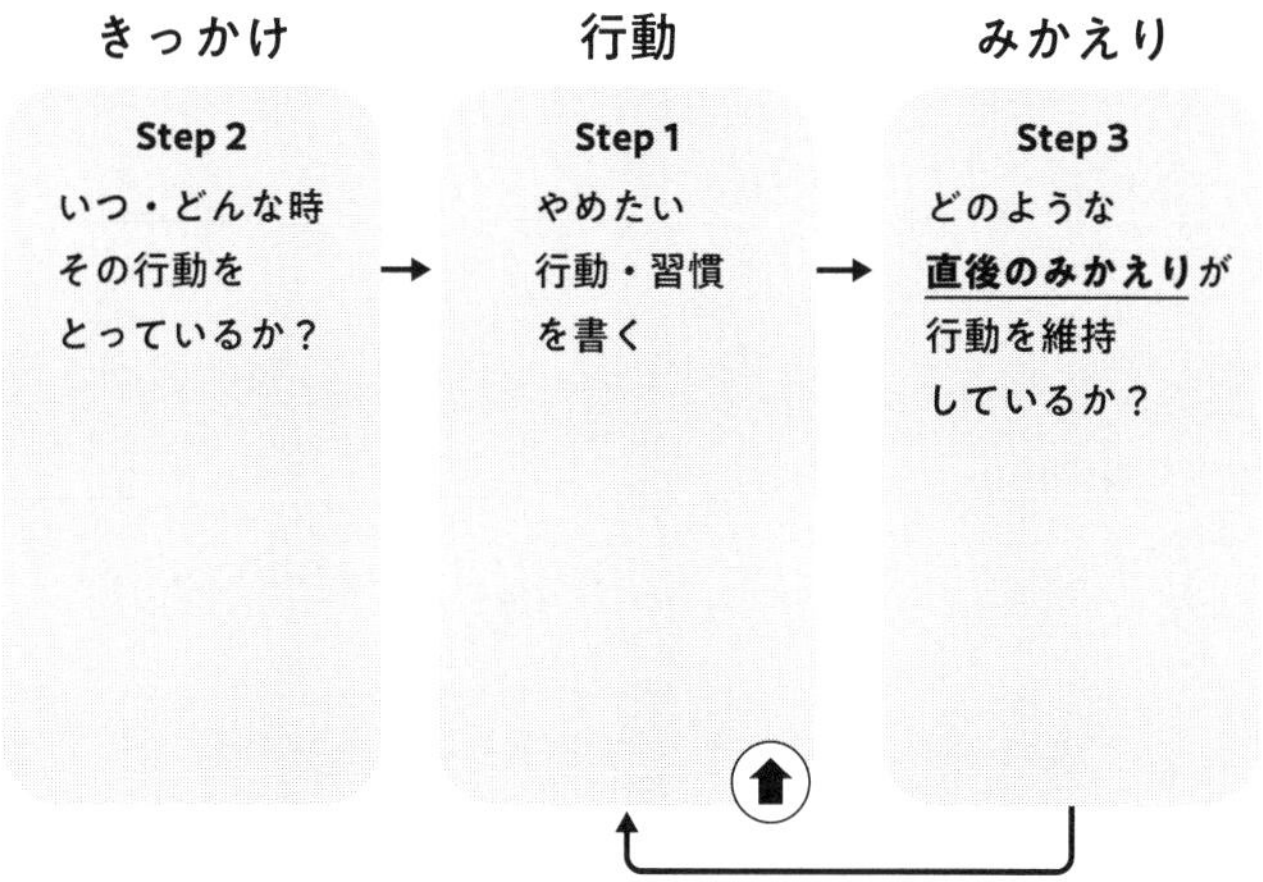

きっかけ
Step 2
いつ・どんな時
その行動を
とっているか？
行動
Step 1
やめたい
行動・習慣
を書く
みかえり
Step 3
どのような
直後のみかえりが
行動を維持
しているか？

図 3-13：やめたい習慣の行動分析

A「いつでもではなく、晩御飯です」

Qでは、晩御飯は**毎日**食べすぎますか？　食べ過ぎる日と、そうではない日は何が違いますか？

A「毎日ではないですね。仕事でストレスと言うか、大変なことがあったときですね」

Q仕事でストレスがあれば、**いつでも**食べてしまいますか？　その食べすぎてしまう日、食べすぎてしまう瞬間のことを思い出しながら、教えて下さい。

A「あー、家に食料のストックがある時ですね。コンビニに買い出しに行ったりまではしないですね」

このように「〜のときは**いつでも**その行動をとりますか」という問いを、何度か問うと、きっかけを特定することができます。[11]

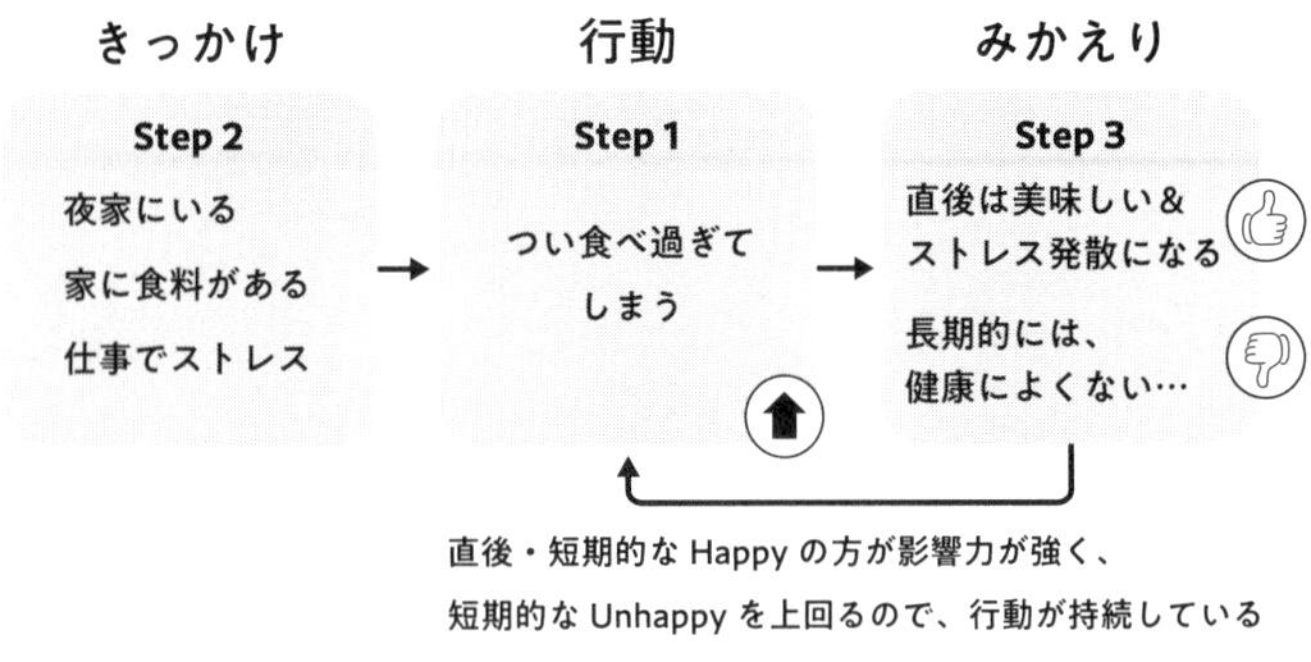
きっかけ
行動
みかえり
Step 2
夜家にいる
家に食料がある
仕事でストレス
Step 1
つい食べ過ぎてしまう
Step 3
直後は美味しい&ストレス発散になる
長期的には、健康によくない…
直後・短期的な Happy の方が影響力が強く、
短期的な Unhappy を上回るので、行動が持続している

図 3-14：「食べ過ぎる」の直後のハッピーと長期的なアンハッピー

ステップ3　みかえり

どんな「行動の直後のみかえり」があるかを考える

「みかえり」については、そういった行動をとった直後や行動を取っている最中に、どのような思考や感覚が得られるのかを記述します。

その行動を取った（取っている）瞬間、そのシーンを、リアルにイメージすること、そのシーンに入ることで、どういった「みかえり」があるか、認識することができます。[12]

事例では「食べる」という行動をとった直後に、「美味しい」とか「満たされる」という感覚でした。そして、仕事でのストレスが一時的に癒やされるのでしょう。

もちろん、長期的には健康によくないというアンハッピーさや、罪悪感もあるのですが、短期的なハッピーのほうが影響力が強いため、この行動が維持・強化され、毎日ではないにせよ、習慣として継続してしまうのだ、というように分析します。

ステップ4　行動を変えるためのデザイン

「きっかけ」と「みかえり」を変えることで、自分自身の習慣をデザインする

「それでは、行動変容のパートです。その家にある食料って、いつ買うんですか？　もう

少し食べすぎを制限できる量のストックだけ持つ、という手もあると思いますが」

「あー、これは、特売でつい安くて、買っちゃうんですよ」

「なるほど、その特売でつい買っちゃうって行動、結局はお得だと思っても、自分の健康を害するくらい一気に食べちゃうんだよなって風に考えてみると、変えられそうじゃないですか？　そうしたら、次の特売の商品を見つけた時の行動って変わりそうですか？」

「あ、できそうな気がします。特売だけど、適量だけ買うってイメージ湧きます」

「では、1～2週間試してみましょうか。もう一つ大事なこととしては、仕事のストレスがあって夜、家に帰った時、じゃあそのストレスはどう発散するか、そちらも代わりになる行動を用意しておきませんか？　どういった行動がストレス発散になりそうでしょう？」

「そうですね……コメディ好きなので海外のコメディドラマを英語で見て、ストレス発散と勉強を兼ねれたらいいなと思います！」

「いいですね。コメディなら、視聴すればすぐ面白いというみかえりも得られるので、行動は持続しそうですね」

　こんな風に何が、自分自身の「きっかけ」「みかえり」となって、行動が持続しているのかを掘り下げます。現実的に変えられる「きっかけ」をうまく別のものへ変え、新しい「行動」を導入し、新しくより適切な行動が持続する「みかえり」があるかどうかを検討することが重要です。

「嫌子によるコントロールは役に立たないことが多い」ことはすでにお伝えしました。自分自身の行動を見返しても、嫌子によるコントロールはあまり使いたくないし、効果的でもないと感じられたのではないでしょうか。

このように自分自身の行動・習慣を変えられた実感をもとに、3章の後半では心理的安全性4つの因子に紐づく行動を「行動分析」を用いて変容させていきます。

チームの行動変容でつくる心理的安全性

「行動分析」を活用して、心理的安全性を確保する

一章では、心理的安全性4つの因子に対して、「行動・スキル」「関係性・カルチャー」「構造・環境」の三つのレベルがあり、後者になればなるほど変えることが難しくなってくるということを述べました。

この三つのカテゴリの中で、この節では主に「行動・スキル」へのアプローチを行います。比較的権限や立場が無くても、アプローチしやすい部分です。「行動分析」を用いて、チームに心理的安全性をもたらす具体的な方法について考えてみます。

これからやろうとすることは、心理的安全性の4つの因子「①話しやすさ、②助け合い、③挑戦、④新奇歓迎」に紐づく一つ一つの行動に関して、あなたがメンバーにさまざまなアプローチを取ることです。これにより、**あなた自身の行動が相手にとっての「きっ**

かけ」「みかえり」の一部となり、
方法①メンバーの4因子の行動を阻害する「きっかけ・みかえり」を減らす
方法②メンバーの4因子の行動量を増やす「きっかけ、みかえり」をつくる
ということにつなげていきます。

方法①メンバーの4因子の行動を阻害する「きっかけ・みかえり」とは、「罰を与えたり、弱化する行動」のこと、つまり「みかえり」として、嫌子を与えたり、好子を奪ったりすることを言います。

例えば「①話しやすさ」であれば、誰かが「話す」という行動をとっている時、みかえりとして「話し手の方を見ずに、ずっと画面を見ている。うなずきや反応もない」という嫌子を返す人がいると、その人に話しかけるという行動は弱化（確率減少）されてしまうでしょう。このことを図にすると、次頁の図のようになります。第1章でお伝えした「心理的非安全なチームは、罰を与えるチームである」というのは、まさにこのように**「アンハッピーなみかえり」がある**[13]ということなのです。

方法②メンバーの4因子の行動量を増やす「きっかけ、みかえり」については、まずは「きっかけ」から見ていきましょう。

多くの行動は、相手の状況と文脈を踏まえて、上手に声をかけることで、促すことができます。

つまりメンバーがこれから心理的安全な行動をとるための「きっかけ」として、あなたがメンバーに声掛けをすることができるのです。

行動分析を学んだ私たちは**「みかえり」の重要性**もすでに知っています。あなたの声掛けで、メンバーは一度は行動してくれるかもしれません。その時に、適切な「みかえり」つまり、適切な反応や承認を提示しなければ、**行動は一回きりで終わってしまう**でしょう。

「この言い方・フレーズで、相手をコントロールで

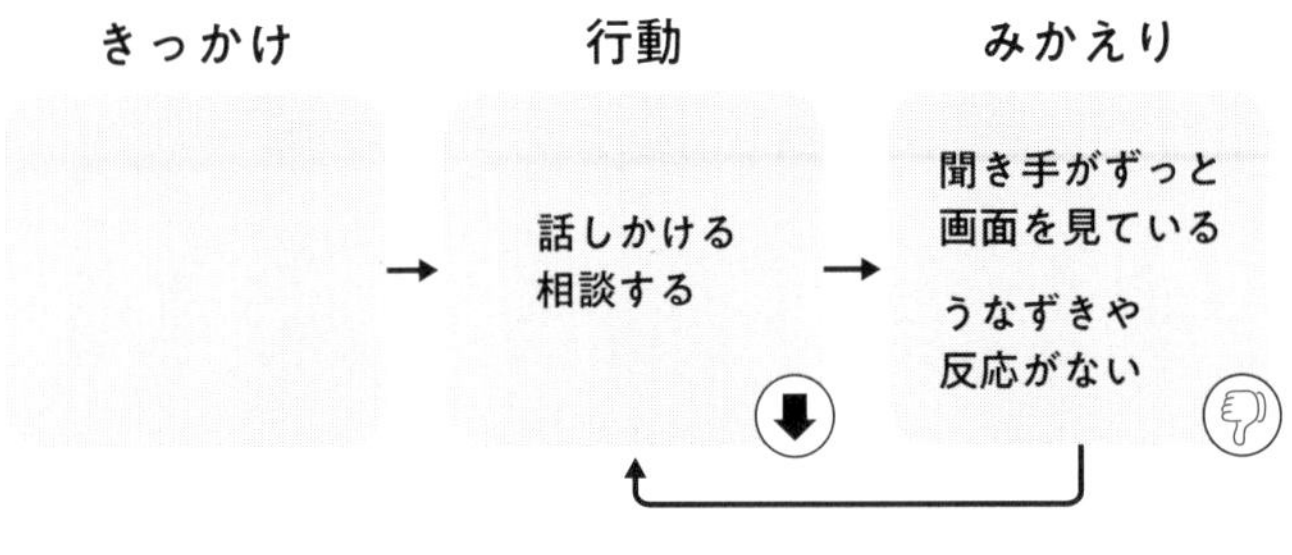

図3-15：話しやすさの「行動→みかえり」

きる！」ということでは決してなく、**相手をよく見て「みかえり」を提示するところまで、フォローアップ**する。この「きっかけ」と「みかえり」のセットが、重要なポイントです。

例えば、「トラブルの相談は、絶対に怒らないし、むしろトラブルを解決できるようフォローするから、すぐに教えてね」という「きっかけ」を提示したのであれば、その約束を守って怒らず、むしろ「すぐに教えてくれてありがとう」と言ったり、実際に問題解決を手伝う、といったように、約束を守っていくことが大切です。

（1回目）「おそるおそる、相談。本当に怒られないし、助けてくれるんだ」

（2回目）「まだ信じきれていないけれど…、前回よりは気楽に相談。相談してよかった」

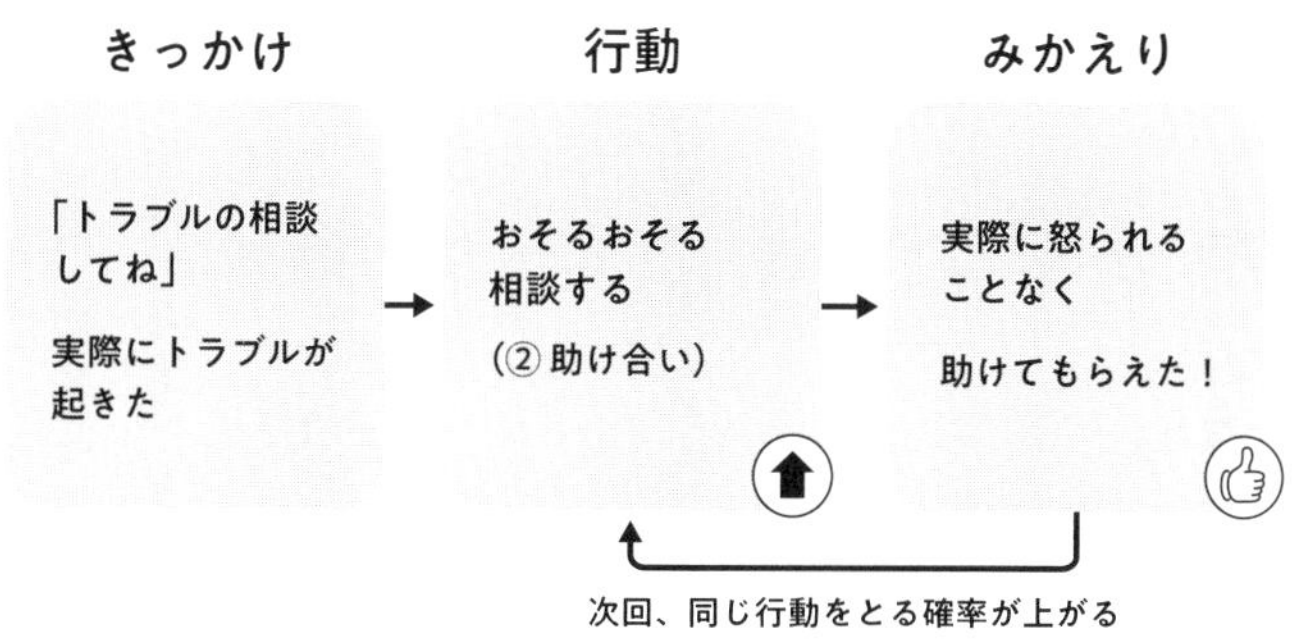

きっかけ
行動
みかえり
「トラブルの相談してね」
実際にトラブルが起きた
おそるおそる相談する
（② 助け合い）
実際に怒られることなく
助けてもらえた！
次回、同じ行動をとる確率が上がる

図 3-16：相談の「きっかけ→行動→みかえり」

この繰り返しの中で「この人なら、ミスやトラブルがあったとき、相談しよう」が生まれ、「このチームの中でなら、ミスやトラブルがあったとき、相談できる」と、ゆるやかに変化していくのです。

それでは、４つの因子それぞれについて「行動分析」を行っていきましょう。

①話しやすさの行動分析

まず、**話しやすさに分類される「行動」は「話す、意見を言う、報告する、連絡する、建設的な反論を行う、たずねる、確認する、質問する、共有する、雑談する」**などです。

これに対して、**聞き手は「聞く、傾聴する、相槌を打つ、御礼を言う」など、さまざまな「反応」を返すことができます。そして、話し手にとってはそれが「みかえり」となります。**

行動分析の原理原則からいえば、まずは**方法①メンバーの４因子の行動を阻害する「きっかけ・みかえり」を止めることです。**

「①話しやすさ」に関連する行動が起きた直後、「相槌を打たなかったり、不十分な報告があるとつい問い詰めてしまう」といった、**嫌子が出現するような反応を全面的にやめ、好子出現を目指せばよい、**ということになります。

「会話する」ことは、「③挑戦」などと比べると日常的に起きやすい行動ですから、「きっかけ」よりも「みかえり」を重視することは理に適っているでしょう。

理想的には、次頁の図のように「話し手」と「聞き手」の双方が、好子出現による強化の循環が起きることが望ましいでしょう。

心理的安全に「ダメな報告」を受ける

──話しやすさのみかえり

しかし、こんな風に感じる方もいらっしゃるので

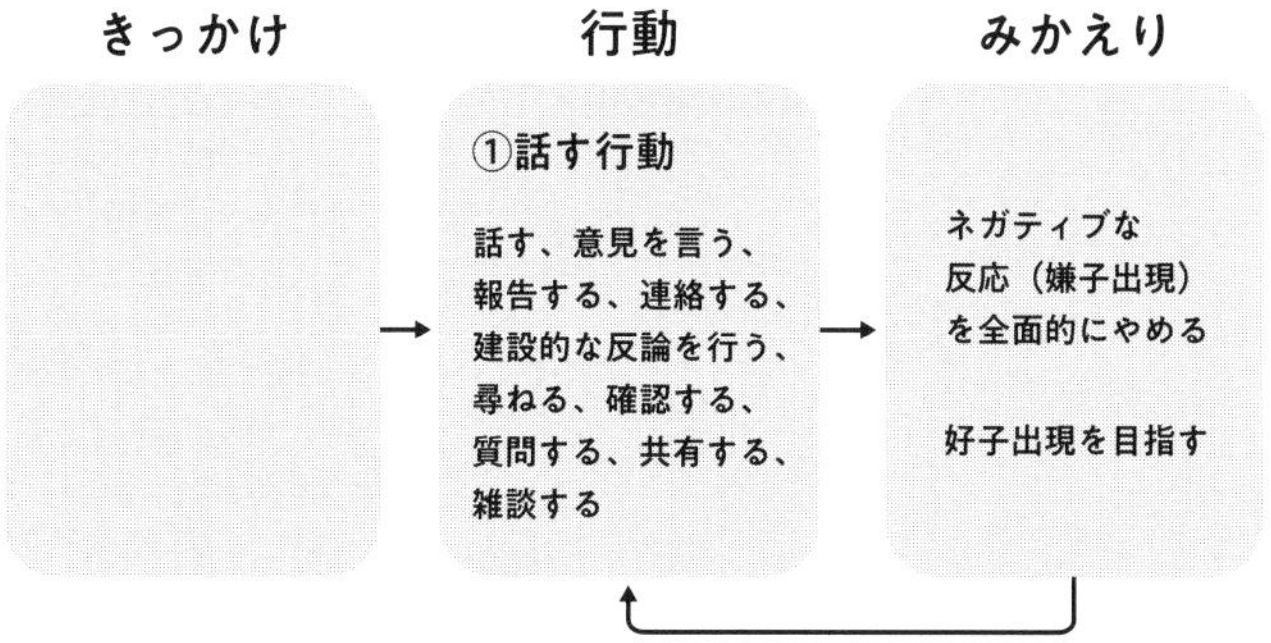

きっかけ
行動
みかえり
①話す行動
話す、意見を言う、報告する、連絡する、建設的な反論を行う、尋ねる、確認する、質問する、共有する、雑談する
ネガティブな反応（嫌子出現）を全面的にやめる
好子出現を目指す

図 3-17：話しやすさの行動分析

はないでしょうか。「そんなことを言っても、実際に報告の質が悪かったらどうするんだ。きちんと、叱った方がいいんじゃないか」と。

例えば、あなたが聞き手・上司の立場だったら、報告のクオリティが低い新人に、どう対応しますか。

- 「君の報告はわからん。ちゃんと分かりやすく報告してくれ」
- 「報告ありがとう」

この二つのオプションがあったとき、ぜひ後者「報告ありがとう」を選んで欲しいのです。

ここで導入したいのが、**「行動の品質」と「歓迎したい行動自体」を切り分ける**という技法です。なぜかというと、**「行動の品質」を評価す**

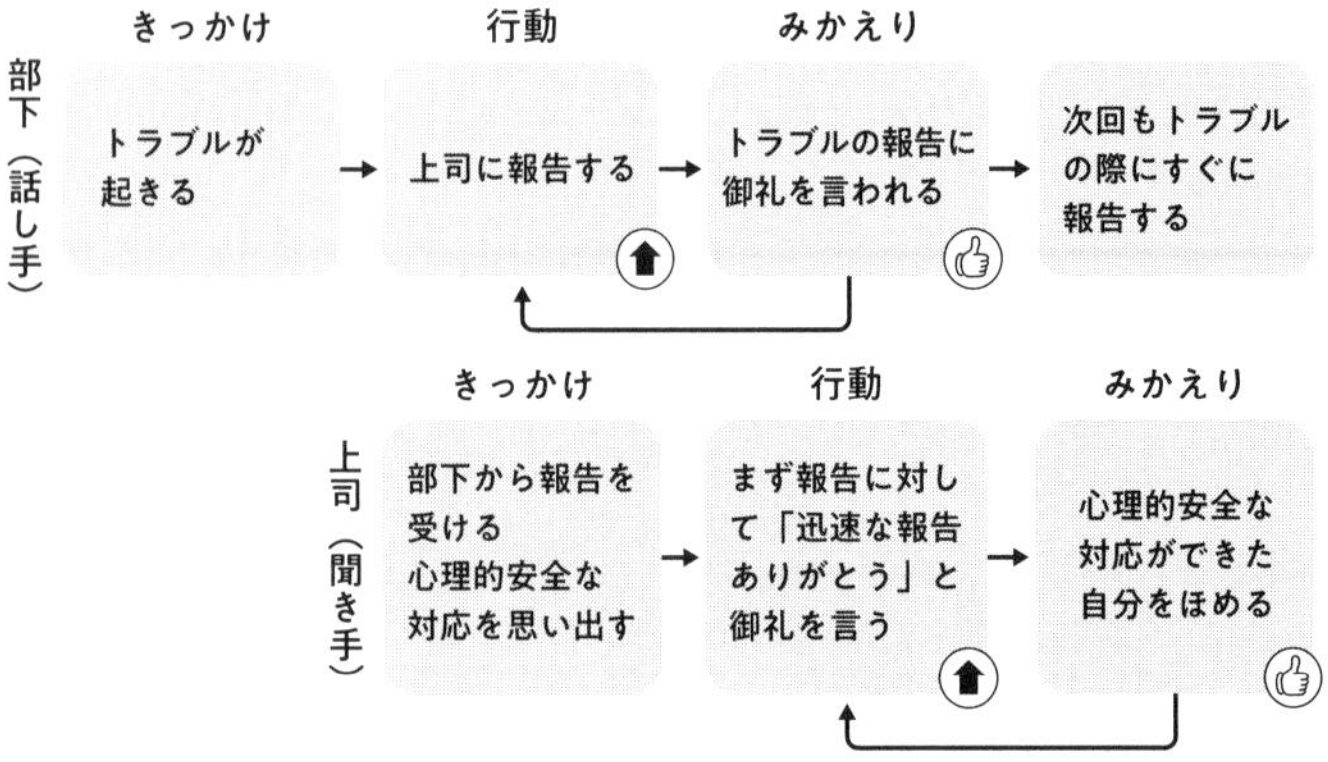
部下（話し手）
きっかけ
トラブルが起きる
行動
上司に報告する
みかえり
トラブルの報告に御礼を言われる
次回もトラブルの際にすぐに報告する
上司（聞き手）
きっかけ
部下から報告を受ける
心理的安全な対応を思い出す
行動
まず報告に対して「迅速な報告ありがとう」と御礼を言う
みかえり
心理的安全な対応ができた自分をほめる

図 3-18：① 話しやすさは双方の好子を重視する

ると、望ましい行動（品質は低くても、その行動自体は歓迎すべきもの）に、すぐに罰を与えてしまうからです。

「分かりやすく報告してくれ」と行動の品質面に対して指摘を受け、すぐに分かりやすく報告ができるなら、その新人は、すでに分かりやすく報告しているはずです。

誤解していただきたくないのは、「スキルが低くてよい」「結果が出なくてよい」と言っているのではありません。重要なのは「望ましい行動を増やす」ことと、「まだ高くないスキル・品質を切り分ける」ということです。望ましい行動を維持・強化しながら、スキル・品質を高めていくことが役に立ちます。

「何でも言ってね」は役に立たない――話しやすさのきっかけ

「①話しやすさ」の中でも、「自然には言い出しづらいが、言ってもらった方が良い」タイプの発言があります。反対意見・異なる見解や、改善点のフィードバックがそれに該当し、それらに対しては**重点的に「きっかけ」を作ったほうがよい**でしょう。そして、この種の異なる意見を率直に言えることこそが「心理的安全なチーム」において、一つの要点なのです。

こうしたとき、すぐに思いつくのが「何でも言ってね」というワードではないでしょうか。

しかし、「何でも言ってね」と言われて、「では部長、指摘させていただきますが……」と急に発言できるメンバーは、なかなかいないでしょう。そして、あなた自身もいきなり「なんでも」言われると、ムッとしてしまったり（これはメンバーにとっては嫌子となる「みかえり」ですよね）するのではないでしょうか。

そこでオススメなのは、文脈に応じてより**具体化した投げかけ**です。

例えば新しいプロジェクト・企画を進めようという時は、

「よりよい企画にする上で、もっとこうした方がいいという改善点や、何か懸念点やリスクを思いつく人はいますか？」

部門で対応が決まった会議の場で、

「担当する上で不安な点を教えて下さい」

部下にフィードバックを求める時は、

「もっとこうしてくれた方が、○○さんの生産性が上がるとか、より相談しやすいと感じることはありますか？　今でなくても、また聞くので、思いついたら教えて下さい！」

のように聞くことができるでしょう。出てきた意見に対しては、いきなりディスカッションをするのではなく、「ご意見ありがとうございます。他にも懸念点がある人はいますか？」など言って一度ホワイトボードやオンラインのアジェンダ等に書いていきます。さまざまな意見を洗い出し、可視化した上で、優先順位の高そうなものからアプローチしていくとよいでしょう。

正解のない時代にあって「意義ある意見の対立」は、むしろ推奨すべきものなのです。

一方、相手に指摘・フィードバックをする時は、「あなたはこうすべき」ではなく、「私にはこう見えた・私はこう感じた」と、いわゆる「I message」で伝えることが役に立ちます。

さらにフィードバックを伝えられた側が、どのように感じるか、どう次の行動を変えるか、そこまでシミュレーションをしてから、伝えることができるとより良いでしょう。

②助け合いの行動分析

この因子に分類できる、助けてもらう側のとる「行動」は「**助けを求める、協力を求める、トラブルやミスについて話す、相談する、お願いする、経緯を話す、これまでの対応**

と結果を話す、顧客訪問し謝罪への同行を依頼する」などが挙げられるでしょう。

一方で、助けてあげる側、手を差し伸べる側、協力して問題解決に当たる人は、「**話を聞く、方針を示す、解決策を考える、分担し対応する、業務を引き取る**」のような行動をとります。

「①話しやすさ」因子では、主に「みかえり」を重視しましたが、助け合い因子では「助けてほしいのですが」「すいません、いまトラブルの連絡があって」といった、相談するという行動の「**きっかけ**」**づくりを重視**することが、より役立つでしょう。

シンプルに「聞く」という行動をとる——助け合いのきっかけ

助けを求める行動を促すために、最初にあなたができることは、相手が助けを求める「きっかけ」になりうる質問をすることです。

「どう?」「困ってることある?」「ちょっとでも気になっていることあったら、すぐ聞いてね」「ぼくの依頼で、どうしたらいいか解りにくい所なかった?」「いま、手が回らないな〜って後回しになってるところあったら、教えてね」「悪いニュースある?」などです。

「相談／報告してほしい」と伝える――助け合いのきっかけ

トラブルの報告や相談をしようとしないメンバーの中には、「トラブルを起こしたら、**自分で解決しなければならない**」「上司には解決してから連絡するべきだ」という信念を持っている人もいます。多くの学校ではいまだに一人で宿題・課題をやらせ、一人でテストを受け、一人でレポートを書かせるというスタイルですから、新卒や若手社員がそのように「信じて」しまうのは、致し方ない部分もあります。

その場合は、単に「ともに問題に取り組み解決するために、報告・相談をしてほしい」と率直に期待を伝えることや、「早めに教えてくれたら、燃え広がる前に鎮火できるから」のように伝えることが役に立つでしょう。

新人や、未経験の方に仕事を覚えてもらう、という文脈では「きっかけ→行動→みかえり」の3点セットを、次のように伝えてみてもいいでしょう。

「もし10分手が止まったら教えてね。手が止まりましたって言って、声をかけてくれるだけでいいから。そしたら、どこで手が止まっているのか、私が質問するから、一つずつ教えてね」「もし、私が忙しそうにしていて、話しかけづらかったら、手が止まりました、って一行書いてメール送ってくれれば、こっちから声をかけにいくね」

そして、いまの例を「きっかけ↓行動↓みかえり」で書くと、

【きっかけ】10分手が止まった　先輩は忙しそうにしていない
【行動】手が止まりました、と言う
【みかえり】先輩から、状況をヒアリングしてもらえる

【きっかけ】10分手が止まった　先輩は忙しそうにしている
【行動】手が止まりました、とメールを送る
【みかえり】先輩から、しばらくしたら状況をヒアリングしてもらえる

さらに新人だけではなく、有能なマネジャーですら、助けを求めることを促すことは有効です。

トヨタ自動車株式会社名誉会長も務めた張富士夫氏が、米国ジョージタウンの工場長在職時のことです。転職直後のマネジャーが「いかにうまくいっているか」を報告した時、張は「あなたが優れたマネジャーであることはみんなが知っています。そうでなければ、

あなたを雇ってはいません。ただ、私たちがともに取り組めるよう、あなたが抱えている問題について話して下さい」と言いました。[14]

このことを「きっかけ↓行動↓みかえり」フレームワークで分析すると、図のようになるでしょう。「きっかけ」として、助けを求め、問題について話すことを促すことと、「問題について話して、相談してよかった」と思えるような「みかえり」を与えることが重要です。

しかし、現実の組織でよくある「みかえり」は、問題が報告された時「なぜそんなことになった?」「どうしてそんな問題が起きたんだ」などという反応です。

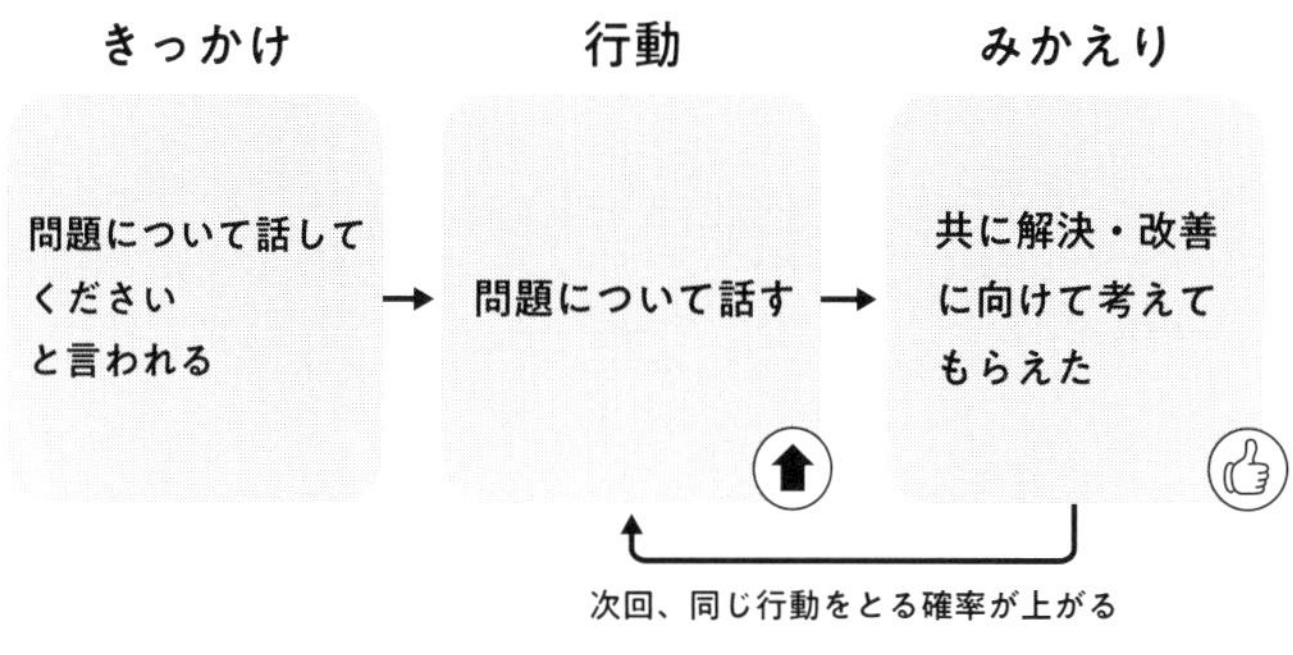
きっかけ
行動
みかえり
問題について話してください
と言われる
問題について話す
共に解決・改善に向けて考えてもらえた
次回、同じ行動をとる確率が上がる

図 3-19：助けを求める「きっかけ」をつくる

「なぜ」「どうして」の代わり――助け合いのきっかけ

実は「なぜ？」「どうして？」という言葉は細心の注意を払って使うべき言葉です。これは多くの人にとって**「なぜ？」が聞かれる文脈がネガティブなものが多い**からです。

小さい頃から「１００点をとった！」となると、ほめられます。しかし「30点だった……」となると、途端に「なぜ？　どうしてなの？」と、理由を問う形式で責められます。

私たちの社会は成功には理由を問わず、失敗に理由を問うという文脈があり、そのような学習履歴を持つ私たちは「なぜ？　どうして？」と聞かれると、萎縮してしまい「自分を守るモード」で発話してしまいがちです。

そこで「なぜ」の代わりに、「なに」「どこ」を使うとうまくいくことが多いです。

「なぜ、そうしたの？」と聞く代わりに、「どこで、なにが起きたのか教えてもらえますか？」

「なぜ、この優先順位なんだ」と聞く代わりに、「なにが大切だと思って、これを最初に実行したんですか？」

「なぜ失注したんだろう」と聞く代わりに、「営業プロセスのどこを改善すると、打率が上がりそうですかね？」

メンバーを助けるために、情報を入手することを意図していたとしても、**聞き方一つで、**

メンバーは自分が罰せられている、責められているような感覚を容易に持つのです。そのため、そうした感覚を生まないためのオープンな聞き方の工夫が重要です。

③挑戦の行動分析

「③挑戦」因子に分類できる、挑戦する側のとる「行動」は「**試す、工夫する、実験・模索する、企画する、手を挙げ機会をつかむ、プロセスを変更する、アイデアを共有する、仮説検証する、新しい行動パターン取り入れる**」などが挙げられるでしょう。

一方で、組織・チームの中の挑戦を促進し歓迎する側は「**挑戦を歓迎する、工夫を促す、まず承認する、機会を与える、新しい取り組みを促す、常識はずれを歓迎する**」といった「行動」をとります。

多くの組織では「挑戦する」ことは、いまだ日常的な「行動」ではないでしょう。そのため「②助け合い」と同じく、「**きっかけ」づくりを重視**することが、より役立つでしょう。例えば、「これまでの業務を効率化し80％の労力を目指し、捻出した20％を新しい、これからの仕事へ振り向ける」という目標は、この「③挑戦」因子を底上げする上で、よい「きっかけ」だと言えます。

また、アドビ社のスタートしたKickbox[15]というプロジェクトでは、社員に「アイデアを考案するためのツール」、「アイデアを検証するためのチェックリスト」、そして、「アイデア実現のために自由に使える１０００ドルの残高の入ったクレジットカード」を配布し、イノベーションを奨励しています（Kickbox Foundationのウェブサイトで、ツールやチェックリストはオープンソースで配布されています）。

これも、従業員に挑戦を奨励する良い「きっかけ」、良いメッセージとなるでしょう。

ここでは、そのような大規模な、組織全体の取り組みではなく、もう少しチームリーダーレベル・マネジメント階層の方々が、クイックに実践できるような「きっかけ」について紹介したいと思います。また、「最高のイノベーションを作る方法」は本書の範囲を越えるため、心理的安全性の文脈から「チームの中で挑戦し、模索する行動を増やすには[16]」という観点で記載します。

挑戦を歓迎することを率直に伝える──挑戦のきっかけ

「③挑戦」を促進するためのよい「きっかけ」として、はじめに導入したいのは、「挑戦を歓迎する」ことを率直に伝えることです。本書の冒頭で触れた「これまでの正解のある時代」「これからの正解のない時代」の話を含めてもいいでしょう。

このチームでは「新しいことを模索する」ことを歓迎します。クイックに、小規模に、リスクを限定して試してみて、「失敗しても、そこから学ぼう！」という宣言をするところから、挑戦の促進を試してみるといいでしょう。

範囲を限定し、工夫・改善を依頼する──挑戦のきっかけ

「何でもいいから、広く、面白いアイデア」を募ると、逆にアイデアは集まってきません。アイデアは制限の中で生まれることが多いからです。では、どのような制約・制限を課すか。**顧客の不平や不満、悩みや課題「顧客の負」を探し、それをなんとかできないかを考える**[17]ことです。

これまでと同じ顧客に対し、より大きな満足、より深い問題解決を模索することは、「③挑戦」の一歩目としてはよい制約の掛け方だと思います。

特に、管理部門の場合は、社内の他部署を「顧客」と捉え直すことが重要です。管理部

門として「言うことを聞かせる」、モードではなく「どうしたら楽しく・協力してもらえるか」を考え工夫を募ることは、新しい「③挑戦」を行う萌芽となるでしょう。

学びをシェアして「サクッと試してみる」雰囲気づくり――挑戦のきっかけ

「この本・この記事に、こういうやり方でやってみるといいと書いてあって、ちょっと2週間くらい試してみようと思うんですけど」と切り出し、2週間ほど試してみて、取り入れたり、修正していったりということを繰り返すことで、「試してみて良い」「自分たちに合わせて、修正してよい」といった雰囲気をつくることができます。

やめるべき「みかえり」、導入すべき「みかえり」――挑戦のみかえり

ここまで挑戦を促す「きっかけ」についてお話をしてきました。

一方、挑戦を阻害するような、ただちに止めるべき「みかえり」があります。そのリストを提示したいと思います。

■挑戦を阻害する、嫌子として働く「みかえり」

- できない理由、難しい理由、考えられるリスクを並べる

・他社事例・成功事例を過剰に聞く（後追いしかできなくなりますよね）
・「本当にうまくいくのか？」「失敗しないか？」と聞く
・小さな施策を試す段階で、ROI（費用対効果）を追求される
・手を上げると、一人ですべてやることになり、孤独な戦いになる
・失敗したら責任問題となるかのような発言をする

組織の「あるある」だと思いますが、これらはすべて「③挑戦」を阻害するような、挑戦行動を取った人に対して、嫌子として働く「みかえり」です。

つづいては好子のリストです。

■挑戦を促進する、好子として働く「みかえり」

・チャレンジ自体を称える（例：ファーストペンギン賞）
・経過・プロセスを見守る
・結果をともに振り返り、ともに学ぶ姿勢を持つ
・一連の挑戦を事例として、組織内に周知する

特に「リフレクション」とも呼ばれる、**結果をともに振り返り、ともに学ぶ姿勢を持つ**ことは「心理的安全性」を機能させる上で、非常に重要です。

まさにこの姿勢が「実践から学習するチーム」の肝となるからです。

④新奇歓迎の行動分析

「④新奇歓迎」は「個性や自分らしさを発揮する側」と、「それら個性・らしさを歓迎する側」に分けて考えることができます。

個性・自分らしさを発揮する側のとる「行動」は、「**自分なりのものの見方・見解を共有する、強みを活かす、得意な分野の仕事を引き取り、弱い分野の仕事を委任する、自分が何を大切にしているかを共有する**」などが挙げられるでしょう。

一方で、組織・チームの中で個性の発露を歓迎する側のとる「行動」は、「**同質を求めず違いを歓迎する、包摂（インクルージョン）する、個性・らしさに応じた最適配置・役割決め、さまざまな視点・ものの観方を歓迎する**」などです。

もしかすると、「個性を発揮といっても、それは単なるワガママになって、有害なこともあるのではないか」と考える方もいるかもしれません。

その説明として、ロンドン・ビジネス・スクール教授ダン・ケーブルらがインドを拠点とし、食料品・医薬品の製造業から世界的なＢＰＯ企業へ転身し、全世界で10万人を越える従業員を持つウィプロ社の研究[18]を要約して紹介します。

オペレーションセンターへの新入社員約６００人をランダムに三つのグループへ分けた。一つ目のグループは個人のアイデンティティを重視する研修を、二つ目のグループは会社のアイデンティティを重視する研修を追加し、そして最後のグループでは例年通りの研修が行われた。

入社半年後、**個人のアイデンティティを重視したグループは他の2グループと比べ、より高い顧客満足度に繋がり、また社員の定着率も33％高かった。**

個人のアイデンティティを重視したグループでの追加研修では、以下のようなことを行った。

1）当社で働くことが、自己を表現し個人にとってのチャンスを生み出す絶好の機会になる、というシニアリーダーのプレゼンテーション

2）新入社員は、個々人で問題解決のエクササイズに取り組む

3）エクササイズを振り返り、自分の強みを仕事にどう活かせるかを考える
4）グループで自己紹介し、エクササイズでの決定についてシェアする
5）自分の名前がプリントされたバッジとシャツがプレゼントされる。

ダン・ケーブルらは「ありのままの自分を認め、受け入れてくれる他者と関係を築くことで、情報共有と協力しあう傾向が高まり、結果として生産性が上がる」と結論づけている。

このような研修を試してみることも「④新奇歓迎」を促進する、よい「きっかけ」となるでしょう。

ここからは、そのような大規模な、組織全体の取り組みではなく、もう少しチームリーダーレベルでもできるような「きっかけ・みかえり」についてお話ししたいと思います。

まず止めるべき慣習――新奇歓迎のきっかけ・みかえり

多くの組織では、この「④新奇歓迎」を妨げる「きっかけ・みかえり」が、驚くほど日常的に発生しています。

■新奇歓迎を阻害する「きっかけ」

- 上司の意見が絶対で、個性を発揮する余地がない
- ○○（職位や職種）は「こうあるべき」という周囲の強い信念
- 上位役職者の頭の中にある「正解を当てるクイズ」になっている質問
- 強み／弱み、得意／不得意などの個人差を勘案しない悪い平等主義

■新奇歓迎を阻害する、嫌子として働く「みかえり」

- 目的や達成・実現よりも、細かい手段・プロセスにこだわり指摘される
- 工夫するより、言われたことをやるだけの方が評価される
- イエスマンや、太鼓持ちが評価される
- 「常識で考えろ」というような異質を拒否する対応
- 理解できないとき、そこで対話が止まる

これらの「きっかけ」「みかえり」を、できるだけ丁寧に草むしりしていくことで、新奇を歓迎する土壌づくりができるでしょう。

率直に個性を発揮することを促す——新奇歓迎のきっかけ

また「率直に促す」ことは、多くの場合、いろいろな手立てを考えるより前に、まず試してみると良い行動です。

「このチームで、ぜひ自分自身の強みを発揮して欲しい。チームメンバーの感情や仕事への敬意は忘れず、けれどもあなたらしく働いて欲しい。もし、強みを阻害されるような依頼やアサインがあったら、相談してもらって構わない」などと伝えることができます。

もちろん、仮にうまくいかない事があった時でも「強みを発揮しようとしてくれてありがとう」と御礼を言うなど、実際にその約束を守るという「みかえり」とセットで、はじめて機能します。

「価値づけされた行動」を見抜いて、最適配置する——新奇歓迎のきっかけ

毎回「嫌子」や「好子」による「みかえり」を直後に与えられているわけでもなく、「仕事そのものが楽しくて、行動が続く」ような時、もっと言えば「やりたくてやっている」時はないでしょうか。

こうした「みかえり」がなくてもやり続けたい「行動」については、例えば、釣りが好

きな人について考えてみると、理解が深まります。

釣り人の釣りは、行動分析では次のように分析できます。

釣りのできるポイントに、釣り竿などの道具と共にいるというきっかけを元に、釣りをするという行動をとります。そして、みかえりとして魚を手にいれます。

しかし、釣り人は、本当に「みかえり」として魚が欲しいわけではありません。もし、ただ魚が欲しいだけなら、「築地でもっと大きな魚を買ってきたよ。プレゼントするよ」と言えば、釣り人は喜ぶはずです。しかし、そうではないはずです。

つまり、「みかえり」を手にするための、効率やコストパフォーマンスを求めているのではなく、釣りという行動自体から得られる楽しさ、みかえりを、釣り人たちは得ていま す。

こうした価値づけされた行動をとっている人にとって、「みかえり」はボーナスのようなものです。魚が釣れることは、当然嬉しいことですが絶対条件ではありません。

本書ではそれを**「価値づけされた行動(Valued Behaviors)」**と呼びます。

価値づけされた行動は、やるべき行動ではなく**「打ち込む」「その領域では、困難や逆境があっても、行動をとり続けられる」**というイメージです。

こうした**「価値づけされた行動」は一人一人異なり、心理的安全性の4因子の「④新奇歓迎」を向上させるために活用**できます。

「④新奇歓迎」では、**個性・強みを発揮し、またそれができるような配置を行うことが重要**です。「価値づけされた行動」を見出すことは、この「個性・強み」の源泉を見つけ、このメンバーで、チームのパフォーマンスを最大化する「配置」に関しての指針を与えてくれます。

その上、「価値づけされた行動」の領域では、「③挑戦」が促進されます。そして、メンバー同士でお互いの「価値づけされた行動」がシェアされていたら、「この仕事は○○さんがお願い」と、「②助け合い」にもつながります。結局のところ、チームで働くことの利点は、強みを発揮し、弱みをカバーし合うことです。「やりたい・大切にしたいこと」や「強み」の領域で、そのメンバーが輝けるような役割を与えることが重要です。

このように、**あなたやメンバーにとっての「その行動を取り続けているだけでハッピーなもの」を見つけましょう。**具体的な見つけ方は5章（P.295）で触れていきます。

あなた自身の強み（価値づけされた行動）を通じて、まずあなた自身が「完璧を捨て、強みで輝き、弱みを委任する」ことや、メンバーの「価値づけされた行動」を知ることによる最適な配置は、よい「きっかけ」となるでしょう。

厳しさがもたらすもの

本章の締めくくりに、メンバーの指導・育成について、行動分析の観点から言及しておきたいと思います。

「行動分析」は、「きっかけ」や「みかえり」を用いて、行動量を増やしたり、減らしたりすることができます。

本章で**「行動そのものと品質」を切り分けて考え、行動そのものの量が増えることが望ましい場合は、好子を与えるようにしましょう**とすでに述べました。しかし「品質」が至らない時、「品質」を上げたい時、実際にはどうすればいいのでしょうか。

私たちが指導する側に立った時、**品質が至らない時に叱責することは、指導する上で重要だと感じられ、人によっては強固な信念となっています。**管理職昇進の辞令を受けた時「舐められないよう、厳しく振る舞わなければ」などと考えたことのある方も多いでしょう。しかし、叱責が持つ効果はすでに見た通り、**単に「行動を減らす」**ことです。

そのため、例えば生命や怪我の危険性のある工場で、ふざけた行動をとってしまった新人を叱責して、「ふざけた行動を減らす」ことは効果的ですが、報告の品質が低い時、そして報告自体は引き続き欲しい時に、報告を叱責するのは悪手だと言えるでしょう。

スタンフォード大学でサイエンス・ディレクターを務めるエマ・セッパラの記事[19]でも、「厳しい」マネジャーは、部下にプレッシャーをかければパフォーマンスが高まると考えていることが多い。それは間違っており、高まるのはパフォーマンスではなくストレスである。そして研究によれば、高度のストレスは雇用者と従業員の双方にさまざまな損失をもたらす

とあるように、単に厳しくすること、嫌子を与えることにあまり意味はありません。

厳しくすると、あなたの前ではメンバーは「はい、ちゃんとやります！」と言うので、それが指導できている実感・好子として感じられ、あなたの厳しくする行動を維持・強化するのは、すでにみた通りです。

しかし、もしかすると、あなたは「怒られたけれど、やる気が出た（行動量が増えた）」経験を持っているかもしれません。私自身、師匠にその種の叱責をされ、人生について考え直したことも一度や二度ではありません。

この種の叱責は、「強固な信頼関係がすでにある」「叱られた本人のこと（才能、未来）を、叱った側がそれ以上に考えている」「突き落とすのではなく、引き上げるための叱責」だと言ってもいいでしょう。

私の師匠の一人、Mindset, Inc. の李英俊社長は「才能の出し惜しみをするな！」というフレーズをくれました。厳しい叱責ながらも「相手に才能があることを信じている」信頼が伝わってくるのではないでしょうか。

このように、「相手以上に、相手の才能と未来を考えている」という確信があるまでは、「厳しくすることで相手の行動を増やす」という名人芸はまねしないほうが良いでしょう。

「プロンプト」を使って、スキルを育成する

叱責など厳しい指導をせずに、しっかりとスキル・品質をあげる育成方法が、「プロンプト」です。「きっかけ」の中でも「正しい行動が起きる確率を高める、補助的[20]」なものの

ことを呼びます。

この「プロンプト」を通じて、正解が分かっているような一連の行動パターンのトレーニングをすることができます。

プロンプトには強さがあります。下の図にプロンプトの強さをまとめました。

原則として「強い」プロンプトは、失敗しにくい代わりに、手間が掛かり、依存を生みやすいものです。

メンバーのスキルが足りない場合は、主に［3］～［6］のプロンプトを通じて、相手を育成していくことでスキル修得を加速することができますが、**原則は「できるだけ弱く」プロンプトを与え、必要な行動が確立したら、「プロンプトを無くす（フェーディング）」ことです。**

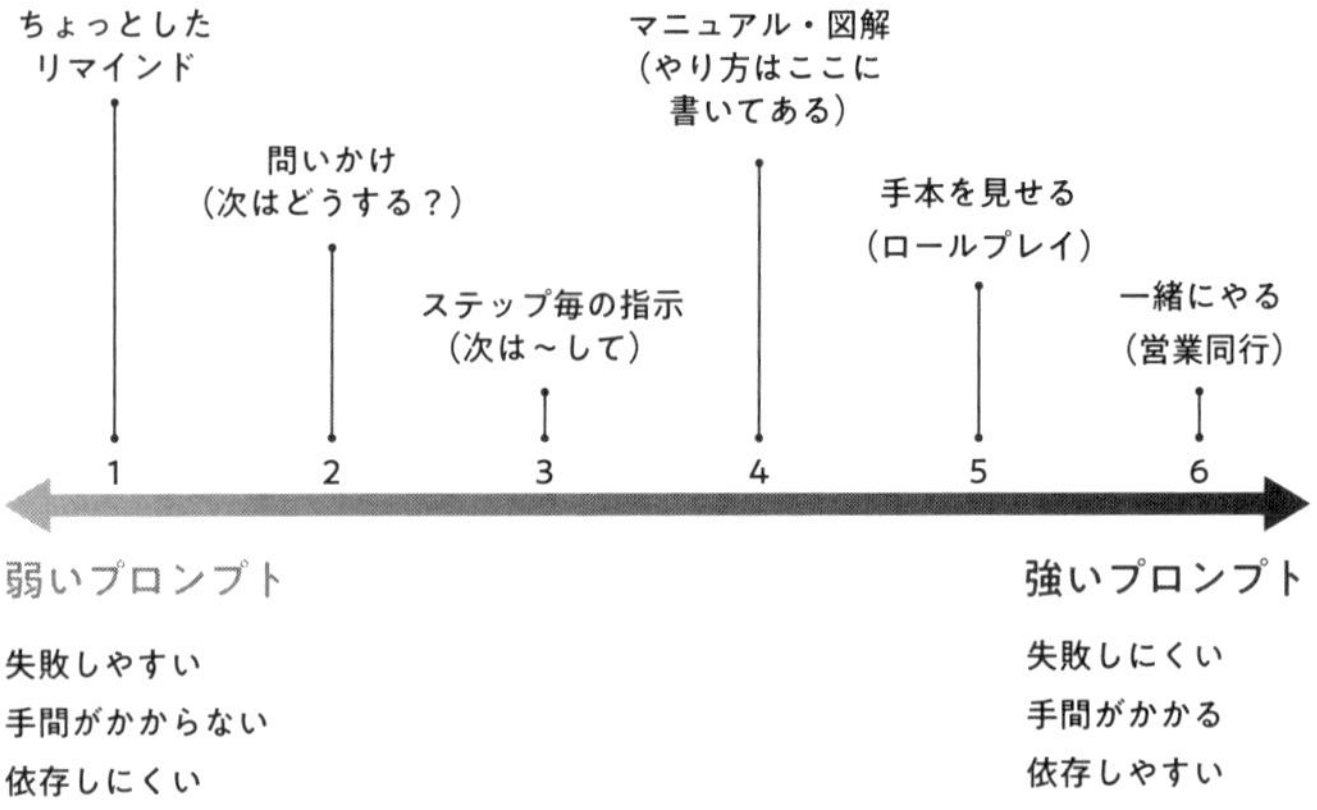

図 3-20：プロンプトの強さ

例えば、プロンプトの「レベル［6］一緒にやる」は、新人に対して先輩が営業に同行し、一緒に営業を進めていくようなイメージです。はじめは役に立つでしょうが、いつまでも「先輩の同行が無ければ、営業に行けない」では困ってしまいます。

そのため、レベル［5］手本を見せたり、［4］マニュアル・図解で、お客様から確認すべき点のリストを渡したりして、徐々に独り立ちさせていきます。

レベル［3］ステップ毎の指示では、顧客との何度かの商談の合間に、顧客の状況を共有し、指示を与え、次回の商談に備えてもらうイメージです。十分、新人として戦力になってきたら「次はどういう手を打てばいいと思いますか」など、レベル［2］問いかけをしてあげるだけでも十分となってくるでしょう。

前述の通り、強いプロンプトは手間がかかり、育成される本人の行動パターンが確立してきたら、プロンプトをなくしていくことが望ましいでしょう。

さらに、現代は［1］ちょっとしたリマインドがテクノロジーでできる時代です。日立製作所でフェローを務める矢野和男先生の、組織・チーム内に心理的安全性を育む取り組みによると、スマホを使って「Aさんに話しかけましょう」「部下の相談をオープンに受けましょう」という、1日1分もかからない、小さな示唆を従業員に見せたところ、この示唆をよく見ていたチームとそうでないチームでは、次クォーターの受注達成率に27％もの差がついた[21]といいます。

このような、よりよい組織・チームにするための「ちょっとしたプロンプト（リマインド）」は、仕事をすすめる上でスキルが十分に身についていたとしても有効です。

「嫌子」と心理的「非」安全性

行動分析を学んだいまなら、心理的「非」安全性を導くマネジメントについて、より深く理解することができます。

心理的「非」安全な組織は、嫌子を用いたマネジメントをするのです。

嫌子を用いたマネジメントでも、もちろん努力はできます。すでに見た「嫌子消失による強化」によって、あるいは「やがて出現するかもしれない嫌子を避ける」ために、努力することはあるでしょう。

いわゆる「怒られないために仕事をする」とか「刺されないために、ルールを守る」などの行動です。これを見て「頑張らせるために、厳しくしないとダメだ」と感じるリーダー・管理職が現れることは理解できます。

しかし、この「嫌子で頑張らせる」式のやり方が、「嫌子を与える人から離れるようになる」などの副作用を持ち、実際にはうまくいかないことはすでに見てきた通りです。

その上、心理的「非」安全な組織では「嫌子出現による弱化」によって、さまざまな行動が弱化されていきます。何かあるとすぐ怒られたり、問い詰められたりすることで、本来は減らしたくないはずの行動の直後にも、嫌子が出現して行動が弱化されていきます。「アイデアはあるが、余計なことを言わないようにしよう」とか「違和感はあるが、上司が言うのだからそのまま進めよう」のように、本当は望ましい行動までも弱化してしまうのです。

ぜひ「嫌子」をやめて、「好子」に目を向けてみてください。

第4章

言葉で高める心理的安全性

Rule Governed Behavior

言語行動は「学習ファースト」

心理的安全性を構築しようとして、「罰」や「不安」、つまり「嫌子」に基づかないマネジメントやリーダーシップを目指す時、よく質問をうけるのが、「それで、みんな努力するのでしょうか？」、「厳しくしなくては、みんなサボるのではないですか？」といったものです。その問いへの答えのひとつが、第3章でお伝えした**好子を活用した「みかえり」**と、価値づけされた行動に基づく人材配置でした。

本章では、「罰によらず」努力できるチームをつくる最後のピースである「言語行動」の理論と実践をお話しします。

例えば、「意見を何でも言って下さい」と促しているのに、メンバーが発言をしてくれないといったことはないでしょうか。もしくは、誰も答えないので、名指しすると一人ずつ順番に当たりさわりのないことを発言するということもあるかもしれません。しかし、これはどちらも不安が蔓延っている心理的「非」安全な状態です。みんな真面目にルールや決まりを守っているのに、表面上の仕事になっている状況ともいえます。

過去の体験に、「意見が採用されて改善が進んだ」「私の意見に感謝された」というような、ルールに従ってよかったという実感がなくては、せっかくの意見出しも「形式的なルール」になっていきます。

いかにして、「形式的なルール」にせず、実感を持って行動に移せるチームに変えるのかが本章のテーマの一つです。


また後半では、チームをチームたらしめ、組織のカルチャーをつくっていく大義や❷大切なことを言語化します。これにより罰や不安でチームを頑張らせるのではなく、「言葉で旗を立てた」方向に向かってチームを加速させる方法を見ていきます。

つまり、心理的安全性4つの因子に紐づく行動について、言葉の影響力を使って増やしていくと共に、罰や不安ではなく「旗」へ向かっていく感覚で人々が前に進む方法について、説明していきます。

言葉で行動を学べる

「行動分析」で取り扱った、「きっかけ→行動→みかえり」は、実は動物でも使える行動の原理「動物行動」[1]です。この「動物行動」と、この人間ならではの行動「言語行動」[2]の**大きな違いは、その「学習スタイル」**にあります。

図のように動物行動は「まず行動ありき」です。つまり、行動の直後の「みかえり」というフィードバックを受けて、はじめて「好子：これは増やすべき行動」「嫌子：これは減らすべき行動」だと学ぶ、いわば**体験学習をする、**というスタイルをとります。

一方、言語行動は「はじめに言葉ありき」です。つまり**言葉で教えてもらえれば、まだ行動していないのに適切な行動を学べる**点が大きな

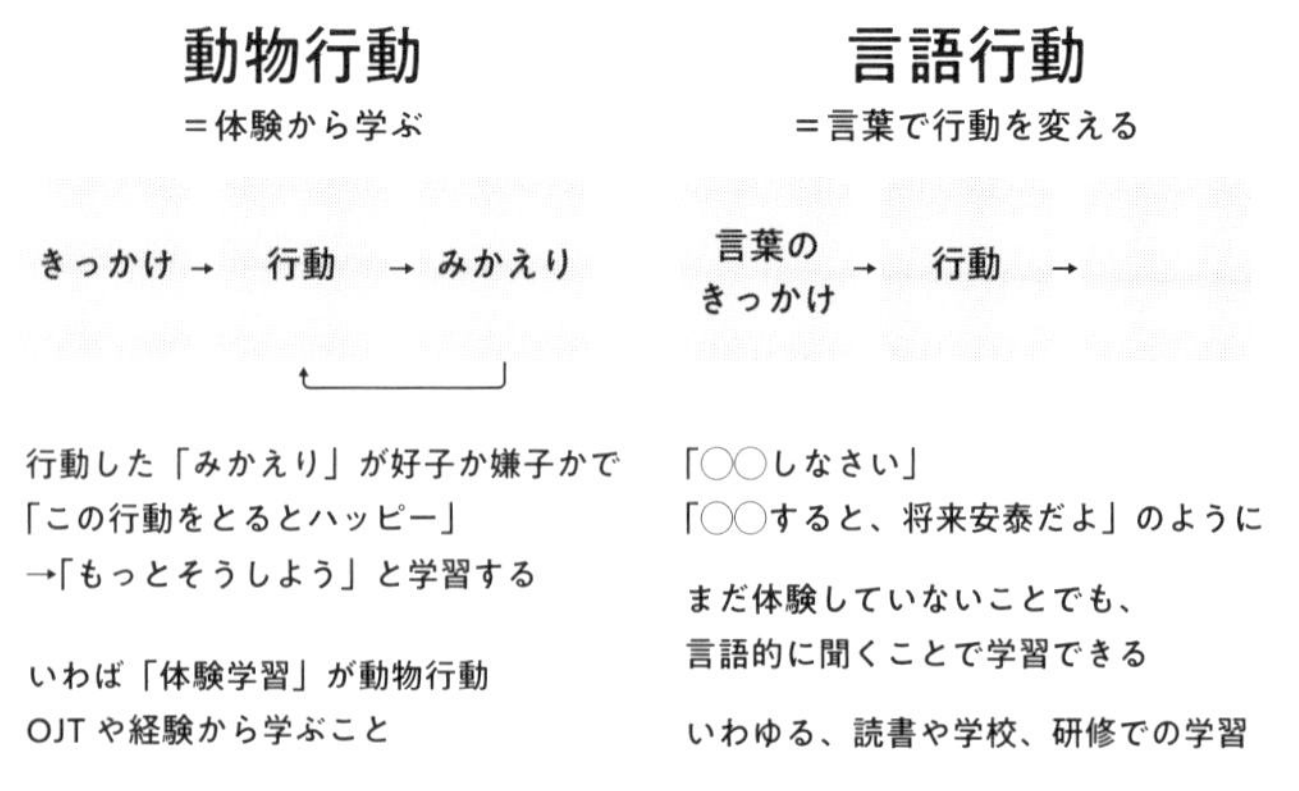

動物行動
＝体験から学ぶ
きっかけ→
行動
→みかえり
行動した「みかえり」が好子か嫌子かで
「この行動をとるとハッピー」
→「もっとそうしよう」と学習する
いわば「体験学習」が動物行動
OJTや経験から学ぶこと
言語行動
＝言葉で行動を変える
言葉のきっかけ→
行動
→
「◯◯しなさい」
「◯◯すると、将来安泰だよ」のように
まだ体験していないことでも、
言語的に聞くことで学習できる
いわゆる、読書や学校、研修での学習

図4-1：動物行動と言語行動

違いです。

つまり動物であれば、道路に近づいて車が猛スピードで走ってきて、恐怖を味わって（＝嫌子出現）はじめて、道路に飛び出すと危ない（道路に飛び出す行動の弱化・確率減少）、と学習します。

一方、言葉がある程度以上発達した子供であれば、怖い思いをしなくても「道路に飛び出すと危ない」と言葉で学ぶと適切な行動がとれるようになるわけです。

人間の行動は、動物行動に言語行動がアドオン

生命の誕生から約40億年経っても、微生物などの原始的な生物は「きっかけ→行動→みかえ

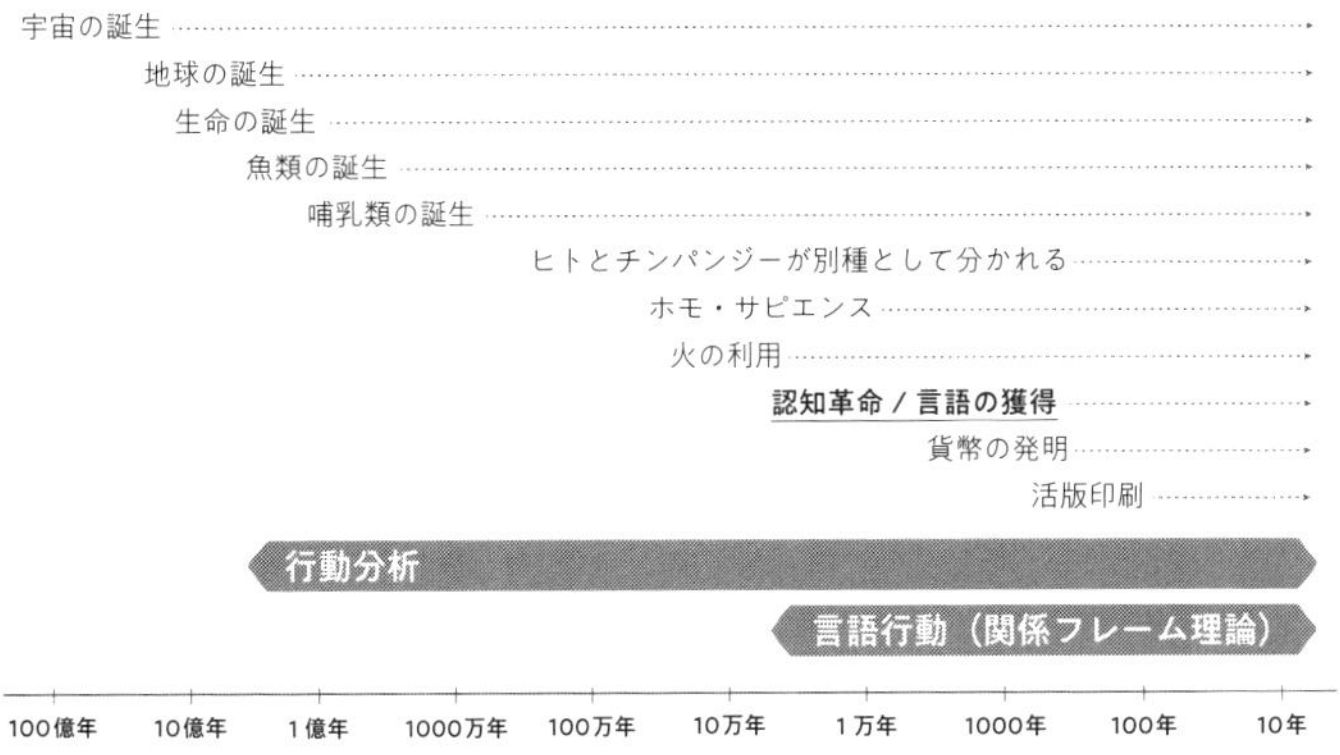

宇宙の誕生
地球の誕生
生命の誕生
魚類の誕生
哺乳類の誕生
ヒトとチンパンジーが別種として分かれる
ホモ・サピエンス
火の利用
認知革命 / 言語の獲得
貨幣の発明
活版印刷
行動分析
言語行動（関係フレーム理論）
100億年
10億年
1億年
1000万年
100万年
10万年
1万年
1000年
100年
10年

図 4-2：関係フレーム理論

り」といった高度な学習（行動変容）はまだ難しく、この行動分析のフレームが活用できるのは、約4億年前、魚類の誕生以降だといえるでしょう。

一方、言語行動は人類がチンパンジーから分化した600万年前から、さらに言語を獲得するまでの時間が必要で、その萌芽は約7万年前だと推定されます。[3]

したがって、私たち人類の行動は、動物の行動と全く異なるものと捉えるのではなく、約4億年の歴史を持つ動物行動に、ここ7万年の言語行動がアドオンされている、と捉えるとよいでしょう。この言語行動に対する理論を「関係フレーム理論」[4]と言います。

そして、この「言語行動」というアドオンこそが、**個人の体験学習を言語化しチームの学習へと昇華できる**こと、チームでコミュニケーションを取ることでプロジェクトを前に進められること、つまり他の動物に比べ、これほど人類が際立つ原因となっているのです。

人々の行動に影響を与える深遠な言葉の力

言葉の力のポジティブな側面は、優れた会社のミッションや、事業の展望（ビジョン）、あるいは優れたリーダーの声掛けによって、人々が協働できるということです。

一方で、言葉はダーク・サイドを持ちます。それは時に過去の成功法則に縛られ、新しい行動へ「③挑戦」できないことに繋がります。「字義通りの言葉の内容」を信じてしまい、体験から❸マインドフルにフィードバックを受け取る力、つまり感受性が鈍ってしまうためです。

そして「あの人たちはダメ」といったように、他人や、他部署、ある特性をもつ人々に対して、現実の振る舞いよりも、バイアスを持って判断してしまい、「④新奇歓迎」を阻害することがあります。

言葉は「いま、ここにない現実」を創り出す

今までで、一番感動した小説を読んでいる時を思い出すと、主人公の活躍やピンチに、恋愛や置かれた境遇に、ワクワクしたり憤りを憶えたり、ドキドキしたり、時に涙を流したりしたことを思い出せると思います。

しかし、小説は物理的には紙の上のインクの染みに過ぎず、あるいは画面の上の明滅に過ぎません。私たちは、インクの染みや画面の上の明滅を見て、想像上の主人公のストーリーをリアルに感じ、感動することができる特別な「いきもの」なのです。

このように、**言葉は「いま、ここにない現実」を創り出す**ことができます。

「お金」というものを思い出してもらうのも、いいかもしれません。お金とは、人の顔と数字が書かれた紙切れです。もし私が、あなたの財布を借りて、そこに入っている物理的には紙切れにすぎない一万円札をそれも3枚、勝手に破ったりしたら、あなたは大きな「痛み」を味わうのではないでしょうか。この痛みはかなりリアルな痛みのはずです。

一方で、みなさんがもしゴリラになり、一万円札を取り出し「ねえ、この紙切れと、そのバナナ交換してくれない？」などと言ったら、「不公平な取引をもちかけるな！」と、群れから追放されてしまうような仕打ちさえ受けるかもしれません。一万円札の「価値」はゴリラにとっては「現実」ではないからです。

そして、この「いま、ここにない現実」を創り出す能力こそが、物語を生み出し、ユヴァル・ノア・ハラリが『サピエンス全史』で語ったように「無数の赤の他人と著しく柔軟な形で協力できる」ということです。つまり、私達のコラボレーションとチームワークの源泉となったのです。ここで言う「言葉」は、シンボル（象徴）と言い換えられます。

この本に書かれた「文字」だけではなく、頭の中に流れる音声や、企業のブランドロゴ、あるいはある特定の色彩のパターンを、私達は「現実」と関係づけることができるのです。

つまり、私たちのこの**言語という能力の本質は、現実とシンボルを関係づける力、いわ**

ば「シンボル操作能力」のことを言います。

たとえば、緑と白でできた、未来についての知識を告げる歌声で船乗りたちを魅了する、女神セイレーンがあしらわれたスターバックスのロゴは、単なる絵を超えて、私たちに「コーヒー」「サード・プレイス」「すてきな接客」「居心地の良い場所」を思い出させます。

このようなロゴは「ブランド」として認知され、それは生活者への良いイメージをもたらすだけではなく、そこで働く社員にも「良い会社で働くことができている」という実感をもたらすでしょう。

このロゴをはじめ、シンボルに紐づいたイメージは「足し算」はできますが「引き算」、つまり、すでに紐づいたイメージを消すことは、実は難しいことが知られています。

そのため、経営者が会社を大きく変えたことを社内外に発信したいとき、会社のM＆Aで複数社が一体となろうというとき、ブランドロゴやコーポレートメッセージを含めて、コーポレート・アイデンティティ（CI）を見直すことは、効果的な動きなのです。

シンボル（文字、記号、音声など）をさまざまな「現実」と関連づけられる、この能力は、私達が言葉でできたルールに従い、行動をとる能力「ルール支配行動」を導きます。

ルール支配行動

このような、関係づける能力、シンボルを操作する能力があるお陰で、私たちは**現在の「好子と嫌子」を越えて、長期的な視野で努力できます。**

このような言葉によって未来の「みかえり」を関係づける能力、言語によって行動を支配・コントロールできるような能力は、**「ルール支配行動（Rule Governed Behavior）」**と呼ばれます。

ここからは、いわば「言葉のきっかけ」となる、どのようなルールが、そのルールを聞いた／信じた人々の行動に、どのように影響を及ぼすのかについて、次の3種類のルール支配行動を紹介して、説明していきます。

1　言われた通り行動→言われた通り、ルール通りに行動する

2　確かにそうやな行動→ルールに従って得られる「みかえり」によって行動する

3　そんな気してきた行動→「みかえり」の強さが変わる

言われた通り行動

「言われた通り行動」[5]とは、**言われた通りに行動をすること**を言います。「ルールだから、守る」と言い換えてもいいかもしれません。

俗に言う「真面目」な人や「優等生」と呼ばれる人、あるいは「ルール」に基本的には疑問を持たず、それを守ろうとする人はこの「言われた通り行動」が優位になっています。

「和をもって尊し」としてきた、日本の組織・チームでは、このような「余計なことを考えない」人材を重用してきました。変化の少なく正解のある「これまで」の時代では、それで上手く回っていたかもしれませんが、正解が揺れ動き、前提が変わりゆく「これから」の時代には「言われた通り行動」だけでは、変化に対応できない時代遅れのルールを組織

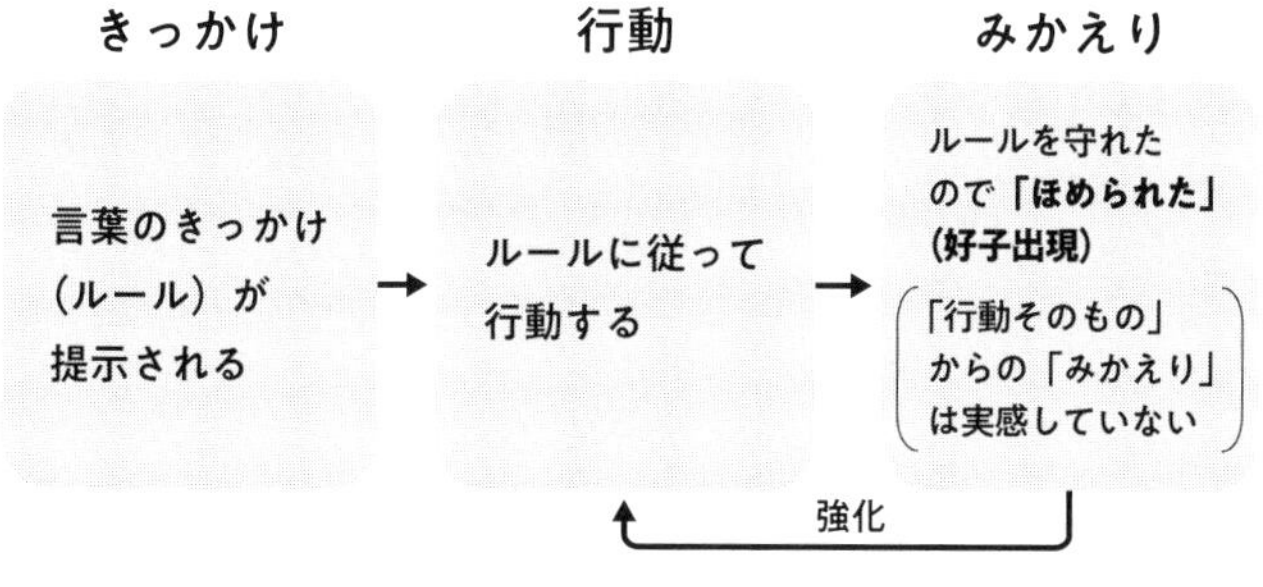

きっかけ
行動
みかえり
言葉のきっかけ（ルール）が提示される
ルールに従って行動する
ルールを守れたので「ほめられた」（好子出現）
「行動そのもの」からの「みかえり」は実感していない
強化

図4-3：言われた通り行動

に抱え込み続けることになります。

さらに、組織・チームが心理的「非」安全な状態では、自分の身を守るために、成果が出るかどうかではなく、ルールを厳密に守っているかどうかの方を人々は気にしはじめます。「役に立つかどうかより、正しいかどうか」を気にしはじめるのです。

この「言われた通り行動」は実は「**行動そのものからの「みかえり」**を手にしていない行動だと言えます。**ルールを提示した人が与えてくれる「みかえり」の方を重視しているわ**けです。そのようなルール支配行動は、容易にチームの人々を「顔色を見る」モードへと導きます。結果として、罰と不安による心理的「非」安全なマネジメントに陥りやすいのです。

次の具体例を見ると、それは分かりやすいでしょう。

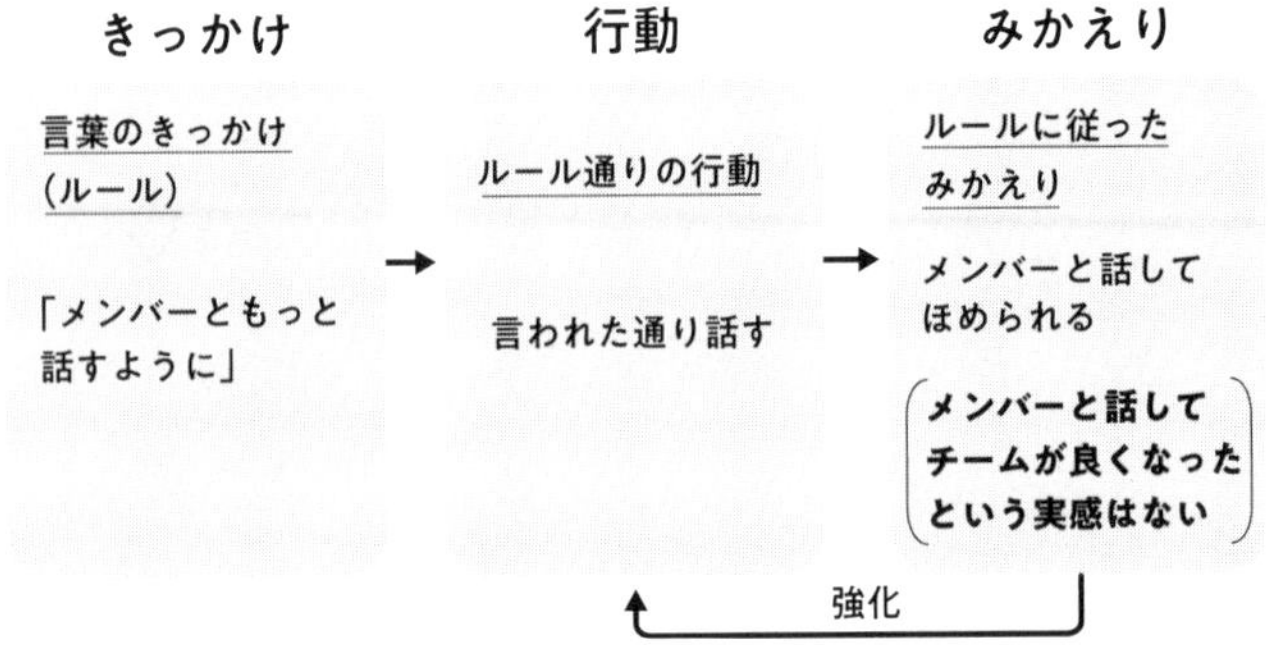

きっかけ
行動
みかえり
言葉のきっかけ
(ルール)
「メンバーともっと
話すように」
ルール通りの行動
言われた通り話す
ルールに従った
みかえり
メンバーと話して
ほめられる
メンバーと話して
チームが良くなった
という実感はない
強化

図 4-4：実感していない「みかえり」

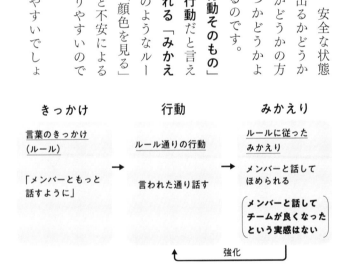

あなたが、チームリーダーだとします。あなたは上司から「言葉のきっかけ」、つまりルールとして「メンバーともっと話すように」と、指示されたと考えて下さい。この事自体は「①話しやすさ」因子の向上を意図して発せられたメッセージかもしれませんが、この声掛けでは、あなたはその意図を知ることはできません。

「言われた通り行動」では、実際に「メンバーともっと話した方が良い」と感じていなかったとしても、上長から言われた通り、話すという「行動」をとることができます。

しかし「話す」ことで、チームの心理的安全性が向上したとか、メンバーの状況が把握できたとか、そのような「メンバーと話すという**行動そのもの」から得られる「みかえり」を実感できていない**のです。この文脈ではむしろ、ルールを指示した上司から「ちゃんと話しているようだね」と**褒められるという「みかえり」の方が優勢**になっています。

この「言われた通り行動」があることは、成果が出るまで時間がかかることに取り組む際に有効です。

例えば、営業スキルのトレーニングでロールプレイをする際、一度や二度の練習では、すぐに上手になった実感は得られないかもしれません。

しかし、練習したこと自体を「よくやってるな」とほめられることで、すぐ上手にならなかったとしても、信じて練習を続けることができます。

一方、この「言われた通り行動」には二つの問題があります。

一つは、「ルールを提示した人が、気まぐれに与えるみかえりに行動が大きく左右される」ということです。

例えば、「知識人は尊敬される」「私も知識人になって尊敬されたい」というルールに従って、知識を詰め込むとします。そのときには、知識を得ることの楽しさに触れ・実感するの**ではなく**、尊敬されたかどうかを見ている、というのが「言われた通り行動」です。しかし**「他者の尊敬」のようなみかえりは気まぐれなもので、与えられたり与えられなかったりします。**この

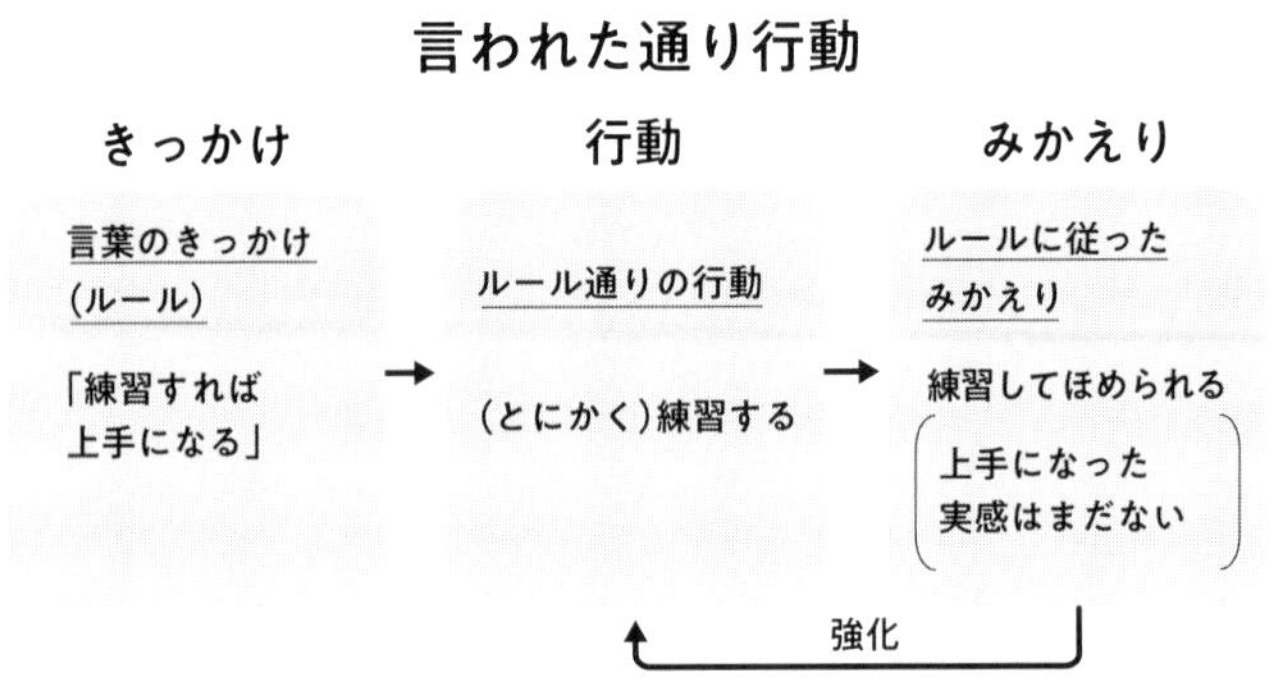

ルールを守ると「みかえり」がもらえるので、
行動そのものからの「みかえり」がなくても、行動を持続できる

図 4-5：言われた通り行動

ような「言われた通り行動」に強く従うことは、自分の人生を他者に委ねることとなってしまいます。

もう一つの問題は、**行動自体から得られる「みかえり」が無視されることで、本来接触できるはずの「みかえり」が失われること**です。

例えば「教養人は、美術館に行くのが当然だ」というルールを聞いて、「言われた通り行動」として美術館に行く場合、芸術品を愛でる・楽しむことよりも、ただ美術館に行ったということ、それによって、自分は教養人だと思えることが「みかえり」になってしまうでしょう。

いわば他者から与えられる言語的な「みかえり」を重視し、実際に「行動」から得られる「みかえり」を無視しているわけです。仕事で置き換えてみれば、現実や顧客の反応は「このままではダメだ」ということを示しているにも関わらず、「私が人生で編み出した成功法則に従えば、きっと成功するはずだ」と、**心理的柔軟性に欠けた、硬直した役にたたない行動パターンを取り続けてしまう**可能性があります。

これは、次の「確かにそうやな行動」と比較して考えてみると、より明確になるでしょう。

確かにそうやな行動

「確かにそうやな行動」[6]**ではルール通りの行動をとるものの、「行動そのもの」からの「みかえり」を実感している**点が、「言われた通り行動」と異なるポイントです。

初めての場所に行く時、地図やナビを見ながら歩いていることを想像してください。

地図通りに歩いていくわけですが、歩きながら「この角を曲がるとコンビニがあるはずで……確かにあったな」と、地図というルールに従いながらも、歩くという行動自体からの「みかえり」、つまりは「目的地に近づけている実感」を持ちながら、歩くことができます。

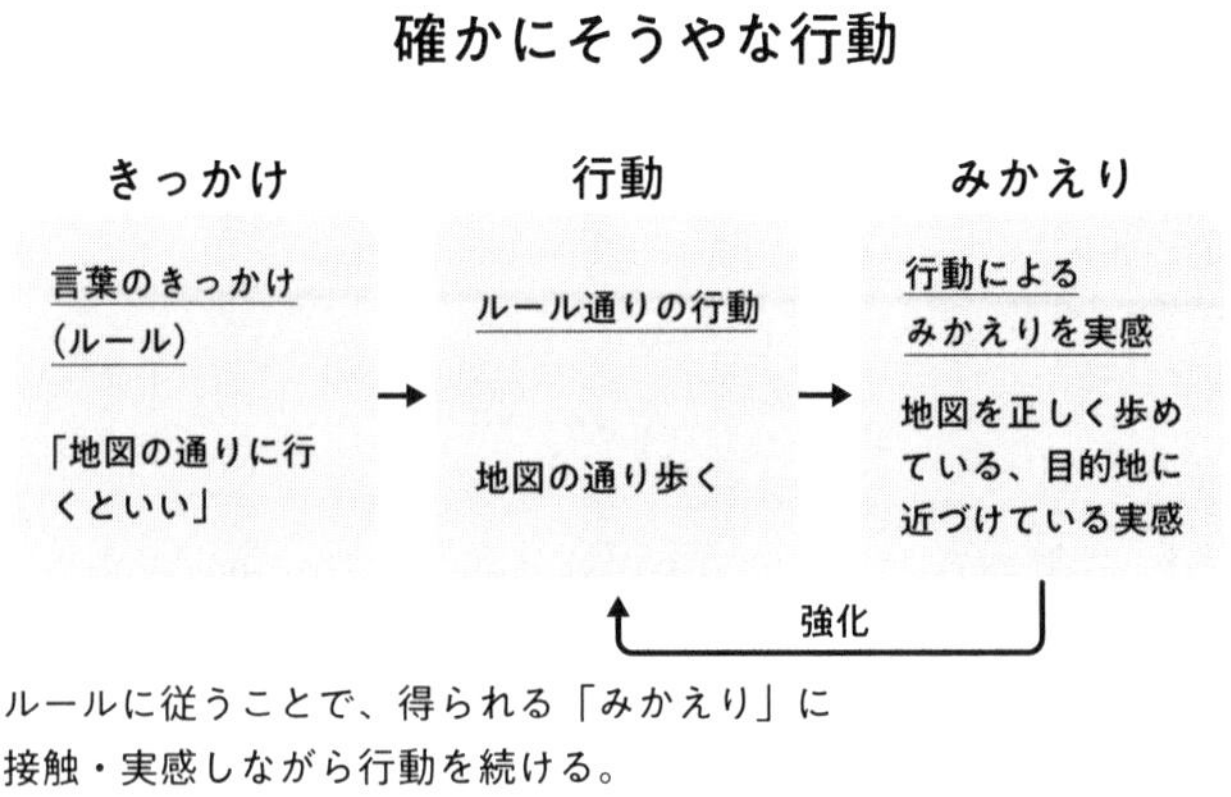

確かにそうやな行動
きっかけ
行動
みかえり
言葉のきっかけ
(ルール)
「地図の通りに行くといい」
ルール通りの行動
地図の通り歩く
行動による
みかえりを実感
地図を正しく歩めている、目的地に近づけている実感
強化
ルールに従うことで、得られる「みかえり」に
接触・実感しながら行動を続ける。

図4-6：確かにそうやな行動

このように**「確かにそうやな行動」**では、**「行動そのもの」からの「みかえり」に、実感を持ちながら行動をしているため、**地図が古くてあるはずの建物が無いことに気づいたり、道路が工事中になっていた場合のように、地図という**ルールが間違っていることに気づくことができたら、他の目印を探したり、迂回したり、目的地にたどり着くための適切な行動を模索できます。**

行動の「機能」を見る

実は行動の形としては「同じに見える行動」でも、ある人にとっては「言われた通り行動」であり、別の人にとっては「確かにそうやな行動」であったりと、異なることは少なくありません。

例えば「言葉のきっかけ」として「手を洗いなさい」というものがあり、「行動」として「手を洗う」という行動をとった時、「ただ、言われたから手を洗っているのか」「実際に、手が綺麗になるという「みかえり」に接触・実感しながら手を洗っているのか」が、「言われた通り行動」と「確かにそうやな行動」を分けるキーとなります。

「言われた通り行動」で、「ただ言われたから洗った」人は、綺麗になるという結果に接触していないので、やがて「（手が綺麗になっていなくても）洗ったように見える」ことを目的とした、ある種の「最適化」さえするでしょう。手を洗ったこと自体ではなく、**ルールを提示する人から与えられる「みかえり」を、つまりルールを提示する人からほめられるかどうか、怒られないかどうかを見ている**からです。

一方、「確かにそうやな行動」では、「みかえり」に接触・実感しながら行動することができるので「もしかすると、この範囲では、ルールの方が間違っているんじゃないか。だったら、少し修正してみよう」と心理的柔軟な態度をとることができます。

職場にあるさまざまな「不十分な仕事」の多くは、メンバー一人一人が「言われた通り行動」をとっており、「確かにそうやな行動」になっていないからです。

例えば、営業マンの顧客訪問数を管理し、「毎月60件回れ」などと指示（ルール）を出したとしましょう。

しかし、「ルールが間違っている」と感じられたり、「とてもそれで成功できるとは思えない」と感じられるとき、「確かにそうやな行動」は起きません。

その場合は、ルールを提示する側が「月60件だと、一日約3件だよね。○○さんの、この半年の営業成績だと、だいたい3件に1件受注がとれているから、毎月20件くらい受注できることになるよね。1受注あたり20万円だから、20件で400万円。少し下回ったとしても、目標の300万円は達成できそうだよね。アポ取りチームが同じエリアでアポを取るようにして、営業資料も企画チーム側で作って、営業に集中できる環境をつくるから」などと話をしていくと、「確かにそうやな行動」になりやすいでしょう。

心理的安全性の高いチーム・組織を作るために必要なマネジャーの仕事において、メンバーの「確かにそうやな行動」が増えるマネジメントをすることが役に立ちます。

そして、ルールをつくる時でも、**メンバーがルールに「接触・実感」できる「確かにそうやな行動」を増やし、「言われた通り行動」を減らすことが大切**です。

本書が、単に「心理的安全性をつくる上で、役に立つかもしれないTips集」ではなく、心理的安全性の科学的定義と「①話しやすさ ②助け合い ③挑戦 ④新奇歓迎」の4つの因子、行動分析、言語行動と、原理から解き明かしているのは、まさにこの「確かにそうやな行動」をつくるためです。

ルールがつい「言われた通り行動」として実行されてしまうのは、ルール策定者やマネジャーが、説明をサボってしまうことが大きな原因です。「決まりですすので……」「決まったことなので……」という口癖が常態化する組織は、この「言われた通り行動」が蔓延するようになります。

「こうすればいい」「こうしてはいけない」のように、「行動のルール」だけを伝えるのではなく**「きっかけ」と「みかえり」をセットで伝えることが「確かにそうやな行動」をつくります。**ここでいう「きっかけ」とは、そのルールがどういう時に活用できるのか。ここでいう「みかえり」とは、推奨された行動をとると、どんな結果になるのか。うまくいっている兆候は何か、といったことです。

そんな気してきた行動

最後の「そんな気してきた行動」[7]は、他の二つとは少し異なり、**単独ではなく、他の二つと組み合わせて効果を発揮するようなルール支配行動**です。

一言でいうと**「みかえりの力を変える」のが「そんな気してきた行動」**[8]です。

例えば、プログラミングが大好きなエンジニアが「プログラミングという好きな仕事（行動）」に取り組んでいました。好きな仕事なので「仕事自体が楽しい」という「みかえり」が、もともとあったとしましょう。

　そこに、尊敬している上司からさらにこんな風に言われたとします。「君のしている仕事は、当社にとって重要だ。ソースコードの1行は、時に重要な経営判断と言ってもいいくらいだ」と。

　そうすると、仕事自体も楽しかったのですが、さらに自分自身が重要なことをしている実感が得られます。「みかえりの力が上がる」感覚、わかるでしょうか。

　行動自体はもともと好きな仕事で、そこからすでに「みかえり」を得ていました。この「みかえり」は

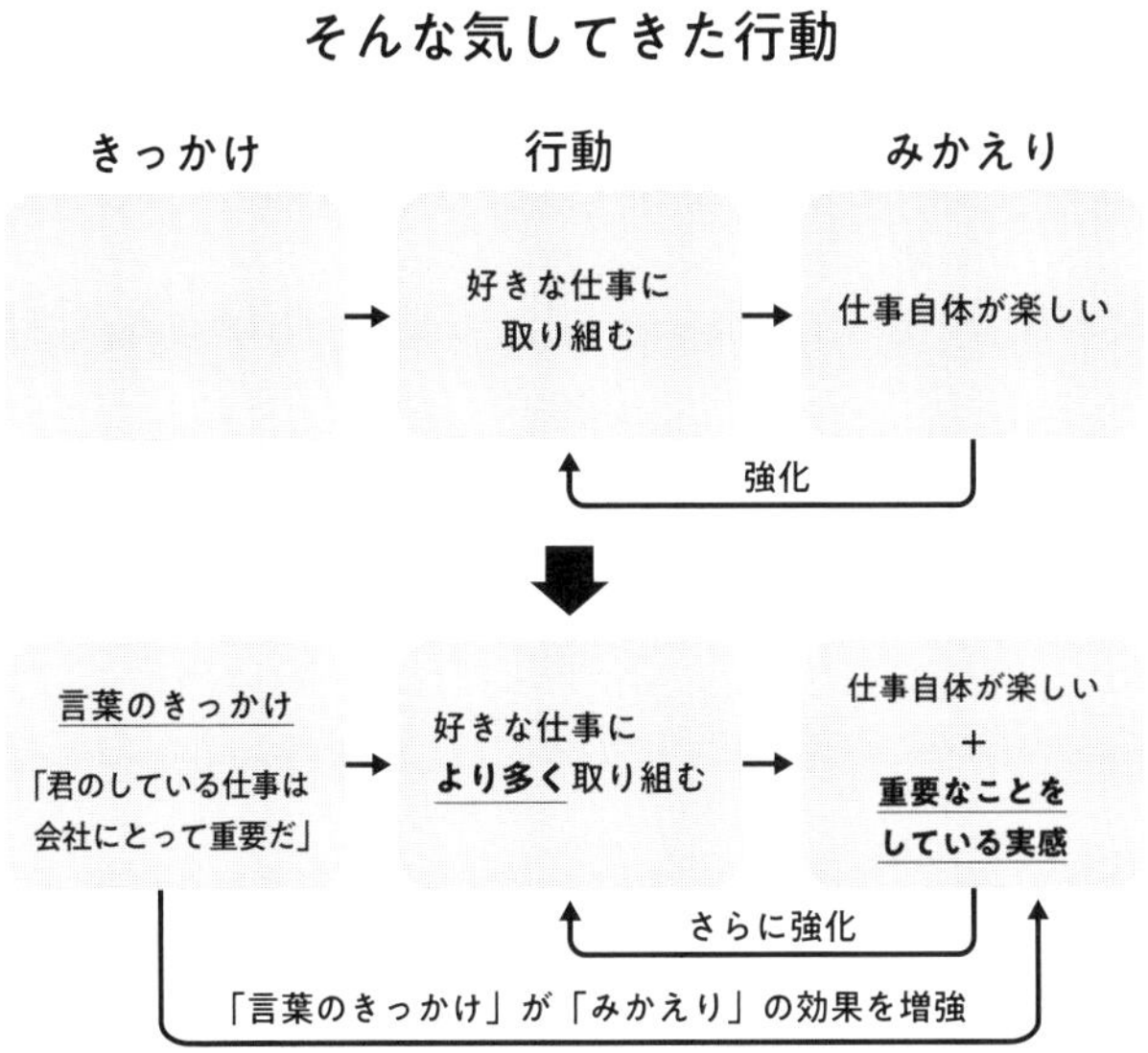

そんな気してきた行動
きっかけ
行動
みかえり
好きな仕事に取り組む
仕事自体が楽しい
強化
言葉のきっかけ
「君のしている仕事は会社にとって重要だ」
好きな仕事により多く取り組む
仕事自体が楽しい
+
重要なことをしている実感
さらに強化
「言葉のきっかけ」が「みかえり」の効果を増強

図 4-7 そんな気してきた行動

好子として行動を強化していました。そこに上司の声掛けによって、その「みかえり」の持つ、**好子として行動を強化する働きが、さらに増強**されているのです。このエンジニアは、より多く、この仕事に取り組むようになるでしょう。

逆に同じエンジニアが、「君のやっている仕事は、当社にとってはコストでしかない趣味みたいなもんだな」と、心無い言葉を投げかけられたとしたら、楽しかったはずの仕事に「ケチがついて」、仕事自体の楽しさが減ってしまいます。

「そんな気してきた行動」は、みかえりの持つ好子・嫌子としてのパワーを、増強または減少させることで、行動が起きる確率を増やす／減らすような「言葉のルール」だと言えます。

話し手の信頼性を上げて、ルールを守ってもらう

職場では、さまざまな目的や、トラブル対応から「ルール」を定めることがあります。関係フレーム理論の知見から守られやすいルールとなる「ルール通りの行動を起こす方法」について二つ紹介しましょう。

一つ目は、話し手の力についてです。「ルールにただ従う」という「言われた通り行動」では、**実際に行動が起きるかどうかは、ルールを提示する人の影響力・信頼性に依存**します。

この影響力・信頼性は、社会的権威などもありますが、職場やチームで考えるとき「あのリーダーの言う通りにやってみたが、梯子を外された」「言う通りにしたが、言う通りにしたことへの感謝やフォローもなかった」といった、**過去の歴史が影響力・信頼性を左右する**でしょう。

新しいルールを作ったにもかかわらず、そのケアを疎かにしておいたり、ルールを守らなくても何も起きない。このような状況が続くことは聞き手からすると、**ルールではなく「ただ言っているだけ」**となり、**メンバーの行動を変容させる力をやがて失います。**

「○○リーダーの言うこと（＝ルール）なら、みんな動くが、△△さんの言うこと（＝ルール）は、みんな聞かない」といったことは、このようにして起きるのです。

一つ一つの「**きっかけ**としてのリーダー・マネジャーのルール提示」「部下・メンバーの**行動**」「ルールを守った事に対する上司の与える**みかえり**」のセットの積み重ねが、次の「言われた通り行動」の効果を左右します。

「行動からのみかえり」と接触させ、ルールを守ってもらう

もう一つの解はできるだけ**「確かにそうやな行動」へと、転換**していくことです。「確かにそうやな行動」への転換には、行動した人が、行動から「みかえり」を得た後、それを指摘してみることが有効です。

すでに3章で見た「②助け合い」を促進するトヨタの張氏の事例では、新任のマネジャーに「あなたが抱えている問題について、話してください」と促していました。これが言葉のルールです。

はじめは、おそるおそるかもしれませんが、新任マネジャーが「問題について話す」という行動をとったとしましょう。実際に行動の直後、他のマネジャーがともに問題に取り組んでくれて、実際に助かるわけですが、もしかするとこの時点では、この新任マネジャーは「みかえり」には、接触・実感できていないかもしれません。

会議終了後あらためて「実際、あなたが抱えている問題について話してみて、どうでしたか？」などと質問を投げかけることで「話してみてよかった。助けられた」と、**ルールがもたらす「みかえり」への実感・接触を手助け**できます。

さらにいうと、「あなたが抱えている問題について、話してください。うちのマネジャー

は、みんなでともに問題について考えてくれますから」のように、あらかじめ「**行動**」＋**起きるだろう「みかえり」のセットを特定したルールを提示**した方が、実感しながら従ってもらいやすいでしょう。

山本五十六元帥の有名な言葉に「やってみせ、言って聞かせて、させてみて、誉めてやらねば人は動かじ」があります。「やってみせ」というのは、ルールを言語ではなく、お手本として教示すること、「言って聞かせて」は「言われた通り行動」として言葉のルールを、そして最後の「褒めてやらねば」というのは、単にルールを守ったことを褒めたのではなく、おそらくは「行動からのみかえり」を併せて指摘したのでしょう。

ルールを改良する

ルール支配行動に関する研究[9]の中では、「**みかえり」が適切な大きさで、確実なものは従いやすい**が、**「みかえり」が小さく、確率が低いルールは従いにくい**ことが分かっています。

「みかえりが小さい」とは、累積してはじめて意味を持つもの、と言ってもいいでしょう。例えば、努力して英語を学習しても、一時間や一日あたりのみかえり、つまり「英語力の上達」は、実感できないほど小さいことがほとんどです。そのため、「毎日英語を勉強すれば、いずれ英語ができるようになるだろう」というようなルールは、何か工夫をしなければ従いにくいルール[10]なのです。

このように従いにくいルールがあれば、「みかえり」を適切な大きさ・確率に変更したり、付加的な強化・弱化を用意することが実用的でしょう。

例えば、「③挑戦」因子の例で考えてみましょう。まだ実績のない新しいことに挑戦すると、「成功するというみかえり」は、確率が低いことがほとんどです。そのため、「成功してはじめて承認される」のであれば、誰もこのルールに従えないでしょう。

一方、結果に関わらず「③挑戦」すること自体が推奨され、気にかけられ、新しいことや新しいやり方を試したこと自体に、称賛が与えられるとしたら、気軽に新しいことを試してみる人は、もっと増えることでしょう。

この「みかえり」は、別にお金や昇進である必要はありません。週次定例で「今週は、こんな面白い取り組みを○○さんが始めました」「○○さんの新しいアイデアのおかげで、みんなが試行錯誤する機会をもらってます」などのように、好意的に紹介されるだけでも違いが生まれるでしょう。

言葉で「旗」を立てる

「大切なこと」を明確にして、行動を増やす

「そんな気してきた行動」では、**「言葉のきっかけ」が「みかえり」の強さに影響を与え「行動」を強化する**ことを学びました。

自分自身にとって「大切なこと」や、組織・チームにとって「大切なこと」を明確に言葉にすることは、この「行動」を活性化する力があります。

「組織にとって大切なこと」を「経営理念（ミッション）」「経営目標（ビジョン）」と言いますが、よい経営理念、よい経営目標は「そんな気してきた行動」を通じて、確かに人々の行動を後押しするのです。

この「大切なことの明確化」こそが、2章でふれた「心理的柔軟性❷大切なことへ向かい、変えられるものに取り組む」です。

あなた自身の「大切なこと」を言語化する3ステップ

まずは、あなた自身がその「言葉の力」を実感してみましょう。

ご自身の、日々の仕事に対して大事にしていること、本当は大事にしたいことを明瞭に言葉にすることは非常に重要です。

仕事の意義・意味をアップデートし、あなた自身の仕事とマネジメントに取り組む姿勢を変え、そして行動の質と量が変わるような、あなたらしく（＝④新奇歓迎）、③挑戦できる一歩目を踏み出せるような、そんな3ステップのプチワークをお伝えします。

ステップ1

あなたの「コア業務」つまり、仕事でいつもやっている重要なことはなんですか？

- マネジメント？ ●営業？ ●資料作成？ ●データ分析？ ●購買調達？
- 経営企画？ ●新規事業？ ●市場調査？ ●マーケティング？ ●企画？
- PR？ ●経理？ ●内部統制？ ●監査？ ●人事？ ●採用？
- 法務？ ●契約書作成？ ●プロセス最適化？ ●コンサルティング？

ステップ2

その業務には、どんな「大切にしたいこと」や意義・意味を込めることができそうでしょうか

重要なのは「社会的に大切にしなければならない」とされているものではなく、他でもない**あなたが大切にしたいこと**です。

「私は〜　大切にしたい」「私が大切にしたいのは…」のように、一人称で書くのもよいでしょう。「〜しないこと」ではなく「〜すること」のように、できるだけ肯定形で記載してください。

ステップ3

あなたの、その業務の影響を受ける人々や社会について、より広く・深くイメージしてみてください。その人々に、どのような良い影響をもたらすことができそうでしょうか

この「よりよい影響」を含めてステップ2で言語化した「あなたのコア業務で大切にしたいこと」をブラッシュアップしてみてください。

そうやって言葉にしたとき「そこに向かっていきたい」感じがありますか？ワクワクする感じがありますか？　その感覚があれば、うまくいっています。

例えば、ある営業マンは「顧客とちゃんと話す、会社の売上を上げる」ことがコアの業務だと思っていました。しかし、これらのステップを通じて、「顧客とすばらしいプロジェクトをやり遂げた同志だと思えるような素敵な仕事をする！」という言葉を見出しました。

このような「大切にしたいこと」の言語化ができた上で、業務に戻ったとしたら、自分で言葉にした「大切にしたいこと」と「業務＝一つ一つの行動」が紐づきます。**「大切にしたいこと」と「行動」が関係づいたそのとき、単なるタスクが意義ある仕事へと変貌**します。この「向かっていく」感覚はきっと、みなさんの仕事人生のどこかで、すでに体験したことがあるのではないでしょうか。

これが、ルール支配行動「**そんな気してきた行動**」の力なのです。

その上、ここで言語化した「**大切なこと**」**に紐づく新しい行動**（**これを大切にするんだったら、こんなこともやってみよう**）が、思いつくのではないでしょうか。これは、行動のレパートリーが増える、ということです。「大切にしたいこと」に紐づく「新しく思いついた行動」は、実際に「やってみる」確率が上がります。

つまり仕事における、ごく個人として大切にしたいことを見つけることが、行動量を増やし、行動レパートリーを増やし「③挑戦」を促進するのです。

ここまで、個人の「大切にしたいこと」を言葉にすることへと取り組んできました。

この3ステップをチームの一人一人と実施し、大切なことを言語化していくだけでも役に立ちますが、ここからはチーム・プロジェクト単位での「大切なこと」について考えます。

チーム・プロジェクトにとって、大切なことを言語化する

経営理念は、企業や企業グループ全体を貫く「言葉」です。

ごく少数の企業は、超巨大グループに成長しても、それでもなお、そこに所属する人々の行動に影響を与えるような、そんな素晴らしい「力のある言葉」を持っています。

例えば、株式会社リクルート創業者 江副浩正氏の言葉

「自ら機会を創り出し、機会によって自らを変えよ」

ソニー株式会社の「開発18か条」その1
「客の欲しがっているものではなく、客のためになるものをつくれ」

グーグルが掲げる「10の事実」に記載された
「ユーザーに焦点を絞れば、他のものはみな後からついてくる」

これらは、今でも力を持った言葉です。

しかし、このように企業が大きく成長し、なお力を持った言葉を持てるのは稀有なことであり、所属する人が増え、事業領域が拡大すればするほど、それらを包摂する言葉は抽象的にならざるを得ません。多くの企業が「顧客への貢献」という一言に収束していくのが実際のところではないでしょうか。

ちょうど紹介したソニー株式会社「開発18ヶ条」がウォークマンの開発チームから生まれた[11]ように、本書では「チーム単位・プロジェクト単位」で大切なこと・大切にしたいことを言語化することをオススメしたいと思います。

チームに所属する人が、似たような仕事をする「機能別チーム」と、チームに所属する人が、それぞれ異なる役割を持つ「プロジェクトチーム」の二つのチームの言語化は異なりますので、順番に見ていきたいと思います。

機能別チームは「個々人の大切なこと」の言語化

機能別チームとは、「営業チーム」「採用チーム」「開発チーム」「経理チーム」のように、そこに所属する人々が、比較的似通ったスキルセットを持ち、似通った行動をとることを期待されるチームです。

このような機能別チームでは、求められている仕事は明確です。

そのためチーム全員で、その仕事に対する次の3ステップの質問を投げてみるといいでしょう。

かならず、**個人でステップ1〜3まで手元のメモに書ききった上で、チームでシェアしてディスカッションするのが**大切です。

ディスカッションから入ると、最初に発言した人や、職位が高く、経験が長い人の意見を承認して終わってしまうからです。

ステップ1

あなたの業務をあまり知らない学生さんから質問されたと想像してみてください。あなたの業務で目覚ましい成果を挙げる上で、特に大事なことはどんな行動をとることですか？

例えば、営業チームなら「顧客を大切にすること」、採用チームなら「応募者の良さを引き出すこと」、経理チームなら「ミスなく正確な数字を集計すること」などが挙がるかもしれません。

ステップ2

その行動をとると、どのような意義がありますか？その意義から考えると、いま・この時代にあって「何をすること」が重要ですか？

例えば「お客様の課題をヒアリングすること」、「候補者に当社のファンになってもらうこと」、「経営者に根拠付きのアラートを上げること」などです。

ステップ3

素人は、一見「大事」と勘違いをしがちですが、本当は「大事ではない・やるべきではない」ことは何ですか？

例えば、「訪問回数や、顧客企業の企業価値向上に貢献しない迎合」、「なんでも平等にすること」、「すべての詳細を濃淡つけずに報告すること」などでしょうか。

これらを、ホワイトボードなど、一箇所に集めて、ステップ3、ステップ2をもとに、このチームならではの、「このチームは、ステップ3ではなく、ステップ2を大切にする」と表現してみるといいでしょう。

まだこの職能での経験が浅く、ステップ2・ステップ3が言語化できないメンバーも、このプロセスを通じて、ベテランの考え方を吸収・活用できるようになるはずです。

プロジェクトチームは「大義」

プロジェクトチームとは、機能別チームと異なり、所属する人々がそれぞれ、異なった役割を果たすことを期待されるチームです。

いわゆる社長直轄の業務改善プロジェクトや、「プロジェクト」ではなくても、部門を横断した、クロスファンクショナルなチーム、さらには組織外部と協力したチームもここに入るでしょう。

機能別チームとは異なり「業務内容・スキル・職能」といった、横串がこのチームにはありません。それらをまとめる「大切なことの言語化」が「大義」です。

「大義」を考える時、**あえて「トップダウン」**を推奨したいと思います。

あなたがプロジェクトを立ち上げた人だとするなら、大義は自分で考え、確信を持って、あなたの心に灯った火を元に、チームメンバーや組織にプロジェクトを売り込み、人々を口説いていく必要があるからです。

大義を考えるには、次の3つの問いを考えてください。

・あなたは、このチームは、このプロジェクトは、何を変えるのか？
・その変革は、誰の、どのような幸せを作るのか？
・それは、何が「すごい」のか。シンプルに表現できないか？

「大義」という、「確かにそうやな行動」は例えリスクがあっても、やるべきだと信じることに向けて、人々を動かすのです。

よい言葉のきっかけとは？

よい言葉のきっかけは、次の三つのような特徴を持ちます。

・「みかえり」の影響力が上がる。つまり、行動量が増える
・行動レパートリーが増える。つまり、新しいアイデアが湧く
・迷った時の北極星になる。つまり、判断基準になる

チームで使っている言葉が行動量を増やし、行動レパートリーを増やすものになってい

るかどうか。そして何よりチームの「カルチャー」を左右する「よい判断基準」を提示できる言葉のきっかけを選ぶことが大切です。

これら、チームやプロジェクトとして言語化した「大切なこと」は、**時折、見直すことも必要**です。時代は変わっていくからです。

そして、この見直す機会こそが、さまざまな視点を取り込み「④新奇歓迎」し、時代の変化に合わせてチームが変化し、チームが学んでいく機会でもあるのです。

第5章 心理的安全性導入アイデア集

What and How to do for Psychological Safety

「行動・スキル」レベルで心理的安全性をつくる

まずは「あなた」が率先して行動を変えよう

本章は、実際にあなたが心理的安全性を組織・チームにもたらすためのガイドです。1章では、変革の3段階「行動・スキル」「関係性・カルチャー」「構造・環境」という、3つの段階について触れました。

「構造・環境」というのは、一朝一夕で改善するものではないことが多く、前提条件であることがほとんどです。そのため、効果的にアプローチするためには、「行動・スキル」「関係性・カルチャー」レベルで施策を行うことが、まずは適切です。そのためのアイデアを集めたのが本章です。アイデアの見出しには、心理的安全性の4因子のどれに効果があるかを示していますので、参考にしてください。

チームに心理的安全性をもたらす心理的柔軟なリーダーはあなたです。

いま現在、チームに心理的安全性が足りないとしたら、まずはあなたが、率先して行動を変えて欲しいのです。

注意点としては、あくまで本章は、心理的安全性をつくるアイデア集に過ぎません。

このアイデア集は、4章で触れた「言われた通り行動」ではなく「確かにそうやな行動」で実践してください。つまり、ここに書かれていることよりも「チームメンバーの反応」という現実が、最も重視すべきものです。

それを踏まえた上で、まずは「行動・スキル」レベルで心理的安全性をつくるアイデアを見ていきましょう。

感謝から始める

ここでいう「感謝」は、「気持ちが大事」といった「精神論」ではありません。あくまで「行動」を重視します。第2章で扱った通り「心の中のこと」は影響を及ぼしにくいからです。

まず「感謝」にフォーカスする理由があります。

従業員エンゲージメント業界に、従業員同士で感謝を送りあい、貢献を見える化するUnipos（ユニポス）というサービスがあります。Uniposの斉藤知明社長と「心理的安全性」に関するイベントに登壇[1]した際、一つのアンケートを行いました。

イベントの参加者は大手企業が中心で、60％以上が部・課長級以上の管理職でした。

「遠慮して言えなかったことは、次のうちどれですか？」というアンケートで図のような結果が出ています。

この結果から「言いにくさ」が最も低い、言う抵抗感が最も少ないのが、「感謝を伝える」ことだと言えます。

さらに、ピープルアナリストの大成弘子さんの「エンゲージメントの高いチームをマネジメントす

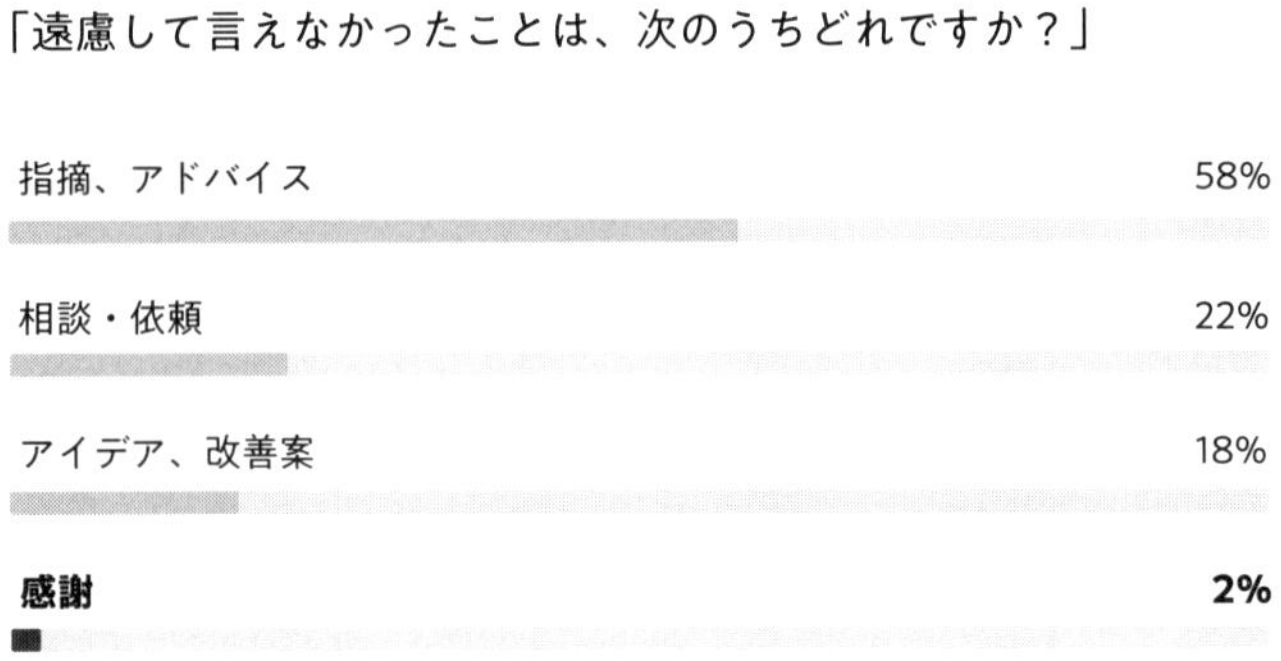
「遠慮して言えなかったことは、次のうちどれですか？」
指摘、アドバイス
58%
相談・依頼
22%
アイデア、改善案
18%
感謝
2%

図 5-1：感謝は伝えやすい言葉

るリーダーは、ありがとうに理由をつける」[2]という調査があります。

そこで最も伝えることが簡単で、かつエンゲージメントにも効くと考えられる、「理由をつけて感謝を伝える」三つのステップを作りました。

感謝を伝える3ステップ　話　助　挑　新

ステップ1

「いつ・どんな時に（状況）、誰が（個人やチーム）、何をしてくれたのか」出来事自体を思い出す。

ステップ2

「他でもない私」にとって、それは何がありがたかったのかを振り返り、掘り下げる。「あなたが素晴らしい」ではなく「私が助かった」という自分を主語にしたメッセージ（I message）で、感謝の伝え方を考える。自分がいかに助かったかを掘り下げることが「理由をつける」ことになる。

ステップ3

実際に伝える。（チャット、メール、ビデオ会議、対面など）

感謝は、行動分析の立場から言ってもシンプルで強力な「みかえり」です。何か指摘された時、反論するのではなく「ありがとう」と、まずは一言伝えるだけでも、発言や意見が活性化することすらあります。

一方で、「無理やり感謝を伝えるのは何か違う」あるいは、「どうしても感謝できない、感謝が湧いてこない」という方もいるかもしれません。つまり、3ステップの、ステップ1でつまずく場合です。これは、心理的柔軟性❸マインドフルに見分けることの向上にも資するため、少し掘り下げていきたいと思います。

「当たり前」から「有り難い」へ

まず、私たちは「感謝しろ」とか「危機感を持て」とか、**心の中のことはコントロール**

できないということをすでに知っています。そのため、ここでも**「とれる行動」の結果としての感謝**について考えていきたいと思います。

「ありがとう」は、漢字で書くと「有り難う」。つまり稀有なことを指しますから、感謝の反対は「当たり前」だということになります。だとすると「当たり前」ではなく、「稀有なことだ」と感じられれば、感謝が（みかえり・結果として）湧いてくるわけです。

一つの考え方は、「何かが自分の手元へ来るまでに思いをはせる」ことです。

例えば、目の前のペットボトル1本に感謝できる人はなかなかいないでしょう。そこで、どれほどの人の手を経て、それがここにあるかに思いをはせてみましょう。

コンビニで、レジで会計をしてくれた人がいて、前日夜に陳列してくれた人がいて、そのペットボトルは手元へ来ました。コンビニまで運搬してくれた人、工場で製造し、箱詰めしてくれて、箱をトラックへ乗せてくれた人。工場の製造設備を企画し、製造し、運搬し、設置してくれた人がいます。そして、この飲料を企画しプレゼンし社内稟議を通した人がいて、商品開発し、製造の現場まで落とした人がいて……。

心の中の感謝の気持ちを直接、コントロールすることはできませんが、モノであったり、サービスであったり、仕事であったりと、一つ一つの人の手、作業、工程に思いをはせることは、自分だけで意図的に**「とれる行動」**です。

どんなチームであっても、相手の仕事とその背景に、広く深く思いをはせた上で語られる「感謝」からスタートして間違うことはないでしょう。ぜひ最初の一歩は、気恥ずかしさは隣に置いて、感謝を伝えるところから始めてみてください。

ポジティブに気にかけている・見ていることを示す 話 助

実は「理由をつけて感謝」を続けていると、**理由をつけて感謝を伝えるためには、実際にメンバーを「よく見ている」「普段から気にかけている」必要がある**ことに気づきます。

この意味で「理由をつけて感謝」を続けることは、「感謝さえすれば部下は思い通りに動く」という表面上の心理テクニックなどでは無くなります。続けることで**あなた自身が実際に、メンバーをよく見ている良いリーダーへ変われる、という効果**があるのです。

この「メンバーをよく見ている」こと、「メンバーを気にかけている」ことをポジティブに伝えることは、心理的安全性を向上させる効果があります。

実際、前述のUnipos株式会社と当社ZENTechで行った共同研究の一部を抜粋すると、その効果は数値にも現れています。Uniposでは、メンバー間で「ありがとう」を伝え合い、可視化するだけではなく、その感謝のやり取りに「拍手」を送ることができます。感謝を伝えることと異なり、「拍手」はワンクリックでできる「いいね！」のようなものです。これは「ポジティブに気にかけていること」と言い換えても良いでしょう。

これらの相関を計測したところ、Unipos導入後「マネジャーが同部署メンバーに送った拍手」が多い企業は、一定期間経過後（2〜4ヶ月）「①話しやすさ」「②助け合い」が有意に向上することが分かっています。

あくまで監視・マイクロマネジメントではなく、ポジティブに「見ている・気にかけている」ことが重要です。よく見ているからこそ気がつけること、例えば「あの先方との会議で言ってくれた一言で、商談の流れが変わったね」とか、「ちょっと面倒なリクエストをうまく処理していてナイスでした」などを、伝えていくことが効果的でしょう。

話しかける

話　助　挑　新

3章でも引用した、日立製作所フェローの矢野和男先生の知見では、心理的安全性の高いチームは「5分から10分程度の短い会話の頻度が多い」「週次の1時間の会議は、(毎日)5分の会話の代わりにはならない」[3]ことが知られています。

単純に、何かを聞きたいと思ったタイミングや、話したいと思ったタイミングで、軽く話しかけることは単純ですが強力なノウハウです。前項「感謝からはじめる」とあわせて、小さな感謝を、高頻度に伝えていってもいいでしょう。

リモートワークの時でも、チャットやメッセンジャーで「今日はどう?」「作ってもらったあの資料、お客様に好評でした。ありがとう」など、軽くコミュニケーションを取ることは役に立つでしょう。

ハードルを下げ、相談を促す

助

組織の中でよくある「完璧なものを作らなければ」「指摘されたりしないように仕上げてから持っていかなければ」という思いは、「相談」するまでの時間が掛かり、フィードバックを十分に反映できないなど、多くの問題があります。

このような状況で「いつでも相談して」と言っても、なかなか相談には来てもらえないでしょう。

そういった際、カルビーの常務執行役員 武田雅子さんの「きっかけ」の与え方が参考になります。メンバーに仕事を振る際、「カレー作ってこなくていいからさ、ニンジンとじゃがいもの段階で持ってきて！」というものです。

「まだニンジンとじゃがいもなんですが……」とメンバーは持ってきて、大きな方針に齟齬がないかどうか、レビューすることができます。

一方この時に、「誤字脱字」などの細かい指摘をするなどの、「間違ったみかえり」を与えてしまうと、「ニンジンとじゃがいもでいい」という約束に背き、メンバーからの信頼を失うことになります。あくまで、「大まかな方針のチェック」を重点的にやることが重要です。

いまの事例は「1対1の声掛け」ですが、もっとチームで組織的にハードルを下げ、大まかな方針チェックをやる方法があります。

心理的安全性認定マネジメント講座受講生の具体的実践から生まれた「3割レビューの会」というアイデアです。週に1回定例で、あるいは適宜スケジュールして開かれる会議です。会議の名前が「3割レビュー」なので、たたき台となるものを自由に気兼ねなく持ち寄れる内容です。

このようにメンバーの行動が促せたとしたら、最後の仕上げは「みかえり」です。まず感謝を伝えて良かった点や、そのまま進めて欲しい点を伝えて、もっと考えてほしい点、変えてほしい点を伝えるといった、「好子」ベースの対応をしていくことで、二回目、三回目の「方針だけのチェック」に繋がります。

「のび太力」を上げる　話　助　挑

店長、課長、部長など、任命されたリーダーになった途端、「なんでも知っていなければならない」「なんでも出来なければならない」と思い込んでしまうようなことはないでしょうか。

そうやって「なんでもできなければいけない自分」という鎧を着込むと組織・チームの心理的安全性が下がってしまいます。周囲やメンバーに心理的柔軟性 3-2 で扱った、**非柔軟な「物語としての私」を守るための対応**をしてしまうからです。

2章で触れた、ACT MATRIXを使って個人の心理的柔軟性を伸ばしていくアプローチもありますが、もっと関係性の中で直接とれる方法についてお伝えします。

・助けてもらおう

できることしかできません。自分の役割、責任、そして強みで輝き、弱みは正しく委譲した方が、チームとして最大の成果が出ます。

あまり背負い込みすぎず、教えてもらう、助けてもらう、手伝ってもらう、メンバー相手でも相談にのってもらうことは、むしろチームを話しやすくし、学習を推進します。人に頼られると、うれしく思う人は多いものです。

「なんでも自分で」という役に立たない思い込みを捨てて、ぜひメンバーに助けてもらえるチームを目指しましょう。

・自己開示

過去の失敗について、素直に語ることを自己開示と言います。単なる失敗談ではなく、「その失敗から学んだおかげでいまがある」というような文脈に接続することが望ましいでしょう。このような開示によって、あなた自身の余計な鎧を外し、失敗から学べれば良いという考えを伝え、③挑戦を促進できるでしょう。

・相手より、一枚薄く鎧を着る

心にガチガチに鎧を着込んだ、自分の立場やプライドを守るために仕事をする人の前に立つと、つい、こちらも鎧を着て自分を守らなければ、という気持ちになることが多いものです。そして、私たちはこういったとき「相手より一枚多く鎧を着て」自分を守ろうとします。

これらは、人間の自然な反応なので、そういった時こそ鎧を全部脱げとはいいません。「相手より一枚、薄く鎧を着る」。つまり、相手より少しだけ、オープンでいることを心がけてみてください。また、「この人は、なぜ鎧を着ているのだろう」と、その人に鎧を着せた「きっかけ」や、過去の「みかえり」に想いをはせてみると良いでしょう。

このような、オープンに助けを求めたり、ダメな自分であっても晒すことができたりする能力を、私たちは『ドラえもん』に出てくる「のび太力」と呼んでいます。

適切なタイミングで、適切な人に、上手に頼る力は、実のところリーダー・マネジャーが磨くべき能力なのです。

1on1

話助

上司と部下、1対1で個別に対話をすることを1on1と言います。

1on1については、さまざまな書籍にノウハウがありますが、このアイデア集では次のようなフォーマットを提案したいと思います。

メンバーに対して、1on1で聞くのは、この3点です。

1 よいニュースは何ですか？
2 悪いニュースは何ですか？
3 いま、不安や不満なことありますか？

そして、2の悪いニュースや、3の不安・不満を言ってくれた時の対応が重要です。

悪いニュースを話してくれた時、不安や不満についてシェアされた時、そこから叱られたり問い詰められたりしたら、二度と悪いニュースを話してくれなくなるでしょう（「嫌子」が「みかえり」になってしまうからです）。

では、自分でもすぐ解決できないような、困ったニュースが報告されたらどうしたらいいのでしょうか。それは「**メンバーと目線を合わせる**」ことです。もっと言えば「**メンバーと一緒に困って**」ください。

叱ったり、問い詰めたり、逃げたりするのではなく、「それは困ったね、どうしようか。一緒に謝りにいこうか？」のように一緒に困るのです。

メンバーの立場から、心理的柔軟なリーダーをつくる　話　助

講演会・研修等で、聞かれることの多い質問が、この「いま、メンバーの立場なのですが、どうやって変えればいいでしょうか」「いま、部長職ではありますが、役員を変えないと組織が変わらないと思うんです」など、自分自身よりも、より上位役職者を変える時に、どうすればよいか、という質問です。

上司としてメンバーにアプローチをしたり、メンバー同士のアプローチよりも、部下から上司、**メンバーからリーダーという状況の方が、難易度が高いことは確か**です。

銀の弾丸や「裏技」はありませんが、3章で述べた「行動分析」を丁寧に適用してみることです。

・「行動分析」を丁寧に適用してみる

ステップ1　問題行動を具体化・特定する

あなたが上司に問題だと感じるのはどのような「行動」でしょうか。ターゲットとなる問題行動を特定します。

ステップ2　望ましい行動を明確にする

それを、どのような「行動」へと変えたいのでしょうか。上司・上長にしてもらいたい、具体的な「望ましい行動」を明確にします。

ステップ3　きっかけ・みかえりを分析する

どのような「きっかけ」「みかえり」が、その問題行動を維持・強化しているのでしょうか。そして、あなたのどのような行動が、その「きっかけ・みかえり」となっているでしょうか。

ステップ4 **対応の検討**

この「上司のみかえり」だと分かっているものを「望ましい行動をとった直後」に発生するように変更できないでしょうか。あるいは、これまで「上司の問題行動」を維持していた「上司のみかえり」を無くすことはできないでしょうか。

具体例として、私たちの講座の受講生の話を紹介します。

会議中、上司が意見を（珍しく）促してくれた時、会議終了後に上司のもとへ行って「○○さん、先程ああやってお声がけいただけたこと、ほんとに話しやすくて助かりました。ありがとうございました。」と感謝を伝える習慣を続けました。すると、徐々に上司の「意見を促す」行動が増えてきて、話しやすい会議が生まれてきました。これは「望ましい行動」に対する「みかえり」として、「理由をつけて感謝」を行ってみたケースだといえます。

・心理的安全性の重要性を率直に伝える

まずは、上司に対して直接的に「心理的安全性」の重要性を訴えてみましょう。本書や、心理的安全性に関するオンラインのさまざまな記事を、適宜渡しておくような方法です。

特に金融分野であれば、遠藤俊英元金融庁長官が、心理的安全性の確保による闊達な議論の促進を掲げている[4]というインプットも役立つかもしれません（実際、著者のクライアントでは、その遠藤長官の方針を受けて、グループ社長の年頭演説に心理的安全性が盛り込まれるところから、各現場に浸透していったようなケースがあります）。

特に経営幹部など、上位の役職者であればこのようなインプットが積もっていった先に、経営者同士の横のつながりなどで「心理的安全性が重要らしい」という情報を耳にした際、一気に理解が進む場合があります（それこそ、これまでこちらが適宜インプットしていた苦労も忘れたかのように「推進派」にチェンジすることがあります）

次頁からは、「行動・スキル」レベルから一段階難易度の高い「関係性・カルチャー」へとアプローチします。

「関係性・カルチャーレベル」で心理的安全性をつくる

「宣言と環境整備」で心理的安全性に目を向ける「きっかけ」をつくる

話 助 挑 新

心理的安全性を、真正面からチームに導入しようという時「宣言と環境整備」でチームメンバー全員の意識を、心理的安全性構築に振り向けることができます。

・**朝礼や会議の場で「心理的安全宣言」をする**

カルビーの武田雅子さんの事例では「この場所は、安全な場所です。どんな意見やアイデアを言ってもいい場です。失敗やトラブルの報告があれば、それを叱る場ではなく、どうするか前向きな検討をする場です。この場の安全性は、私が担保します。」のように、会議の冒頭で毎回宣言したと言います。

朝礼や会議の場の冒頭での宣言をしばらく続けると、心理的安全性を壊すような発言が出ると、参加メンバーから「ここは心理的安全な場なんだから……」とツッコミが入るようになったり、武田さんの参加していない会議でも「この会議も、心理的安全な場ということで、やらせていただきます」と司会が言って始めるようにと、徐々に組織・チームに浸透していきました。

このように口頭で宣言するだけではなく、アジェンダのフォーマット等に4つの因子を記載してもいいでしょう。

・環境を整える

前項とあわせて、会議室に「心理的安全性4つの因子」のポスターを貼って、会議の最中、そこに立ち戻って心理的安全なディスカッションを行っているチームもあります。

4つの因子をもっと具体的に噛み砕いて「意見を言っても大丈夫（①話しやすさ）」、「質問しても大丈夫（②助け合い）」、「失敗・間違いを認めても大丈夫（③挑戦）」「自分らしくいて、大丈夫（④新奇歓迎）」と書かれたポスターを貼ってみてもいいでしょう。

日報や、業務報告書のように、すでに組織やチームのメンバーの多くが「見る・やる」ことになっているルーティンがあるとしたら、その書式やフォーマットを上手にデザインすることで、特に「①話しやすさ」「②助け合い」における、組織・チームへの浸透を加速できます。

例えば、心理的安全性認定マネジメント講座の修了生の実践例では、Excel形式の日報フォーマットを作っており、その中に「今日のコンディション」という項目を用意しています。選択形式でそこから一つを選べるのですが、下図のような顔文字が並んでいます。

もちろん、顔文字を使う必要はないのですが、ポイントは**アラートを上げる「きっかけ」を軽くする**ことで、①**いつも記載する**日報に含まれていること（わざわざアラートを上げにいく必要がない）、②**深刻さが少なく、気軽に選択**できることの2

今日のコンディションを選んでください ▼

(｀・ω・´)頑張る

(ﾟ▽ﾟ)ワクワク

(´・ω・｀)しょぼん

＼(^o^)／お手上げ

図 5-2：今日のコンディション

点です。

すでに提出がルーティンになっているものに組み込むことは重要で、別途アラート専用のチャネルを設け「このチャネルにいつでもアラートを上げて下さい」と促すのとでは、行動までのハードルが大きく異なります。

新規プロジェクト創造 挑

自分の発案であれ、降ってきたプロジェクトであれ、なにか**新しくプロジェクトを始める時は、新しい関係性・新しいカルチャーを作り始めるチャンス**です。

新規事業を立ち上げるプロジェクト、新しいシステムを会社に導入するプロジェクト、新しい研修やサーベイを導入するプロジェクト、もちろん組織開発も、規定を見直すプロジェクト、社員旅行の企画も「プロジェクト」だといえるでしょう。

強調したいのは、プロジェクト自体が大きいかどうかではなく、これらプロジェクトの**初期に心理的柔軟性**2-1「**大切なことの明確化**」**を行っておくことの重要性**です。そうでなくては、すぐに「こなす作業」へと陥ってしまいます。

マッキンゼー・アンド・カンパニーで「マッキンゼーの7つのS」を同僚と共に開発したトム・ピーターズ[5]は、プロジェクトとは「始めがあって終わりがあり、お客さんとの約束をきちんと果たすこと」であり、「すごい！　きれい！　革命的！　インパクト！　熱狂的ファン続出！」なプロジェクトを創出せよと言います。

　私が言いたいことは、次の二点に尽きる。
（1）やってみなければ、できるかどうかわからない。
（2）すごいことをやってみたいと思わなければ、すごいことは何もできない。

「すごい！」プロジェクト、つまり、大切なことを大切にし、意義あるプロジェクトだからこそ、さまざまな観点から大切なことの実現に向けて話し合うための「①話しやすさ」を上げたり、「③挑戦」を行ったりできるようになります。

プロジェクトとして大切なことを明確にするガイドとしては、次の2つの問いを、できればメンバーと共に考えることが役に立つでしょう。

- このプロジェクトは、誰に、何をもたらすものか

・それには、どんな意味や大義があるか

与えられたプロジェクト、特に「新システムの導入」「研修プログラムの導入」などの、求められているタスクが一見明確な時こそ、「誰に、何をもたらすものか」を問い直すことが重要です。そして、できればあなたの貢献相手や顧客である「誰か」に、実際に聞いてみることが重要です。

「新システムを導入する」ことをプロジェクトのゴールに置くのか、「組織の営業マンをシステムを通じてサポートし、営業マンが欲しい情報を欲しいタイミングで迅速に提供する」ことをプロジェクトのゴールに置くのかでは、プロジェクトの意味が違ってくるはずです。

同じように「研修プログラムをやる」ことをプロジェクトのゴールに置くのか、「メンバーが能力を発揮し働ける環境をつくるために、まずは心理的安全性というキーワードを知っている人を組織の中に増やすための研修を実施する」ことをプロジェクトのゴールに置くのかでは、意味が変わってくるはずです。

日常業務の文脈から切り離す

ABC Cooking StudioでWorld Wideディレクター（当時）の千先拓志さんから、外資系企業の研修をABCクッキング（シンガポール）でやることが人気だ、と聞いたことがあります。

研修として、職場のチームで料理をすることで、固定化した役職・階層が解きほぐされ、チームを新しい観点で捉え直せるのだそうです。

「仕事ができるようになるのは、まだまだこれから」と思われていた若手が、料理においてはリードできたり、仕事上の役割では見えなかった「意外と手先が器用」というメンバーの新しい側面への理解が進んだりします。いわば固定化していた「物語としての他者（他者＝概念）」が解される経験ができます。

日常的なビジネスの文脈と異なる文脈を持ち込むことが鍵ですので、料理以外にも「普段と場所を変えて実施するワークショップ」「同じ映画を見て感想をシェア」「対話型アート鑑賞」などを検討してみてもいいでしょう。

話 「話しやすさ」について、みんなで対話するワークショップ

望ましくない行動を減らし、望ましい行動を増やすには、「自分たちの組織では、実際に何が4つの因子を阻害しているのか・促進しているのか」をチームメンバーみんなで振り返ることも強力な方法です。
行動分析のフレームワークを活用して、「なにが心理的安全性を促進し、なにが妨げているのか」を可視化するワークショップの事例を紹介します。

ホワイトボードなどに、次頁の図のような「きっかけ→行動→みかえり」の箱を用意し、上半分は、それを強化・促進する「きっかけ・みかえり」、下半分は、それを弱化・減らすような「きっかけ・みかえり」と切り分けます。

チームメンバーに、心理的安全なチームを目指したいことや、「きっかけ」と「みかえり」で行動が制御されているということを簡単に伝えた上で、メンバーも含めてみんなで「こういう時、意見言いにくくなるね」「こうやって促してもらえると、話しやすい」など、それぞれのメンバーが実際に感じていることを付箋に書いて貼っていきましょう。

重要なのは「全員で、何がこのチームの行動を促し、また行動を減らしているのか、という**このチームならではの知見を集める**」ことです。「これでアンハッピーになるなんて、甘えている！」などと言って、誰かを問い詰めるためではありません。

「それぞれの人が、実際に意見を言いやすい、意見を言いにくいと感じた、その**真実の瞬間を可視化する**」ことが重要です。

　いくつかのアイデアが出たら、上半分の「きっかけ・みかえり」をどのように増やし、下半分の「きっかけ・みかえり」を、どのように減らすか、チームでディスカッションをしてみてください。

　ワークショップの締めくくりに、「上を増やして、下を減らしていきましょう。まずは私自

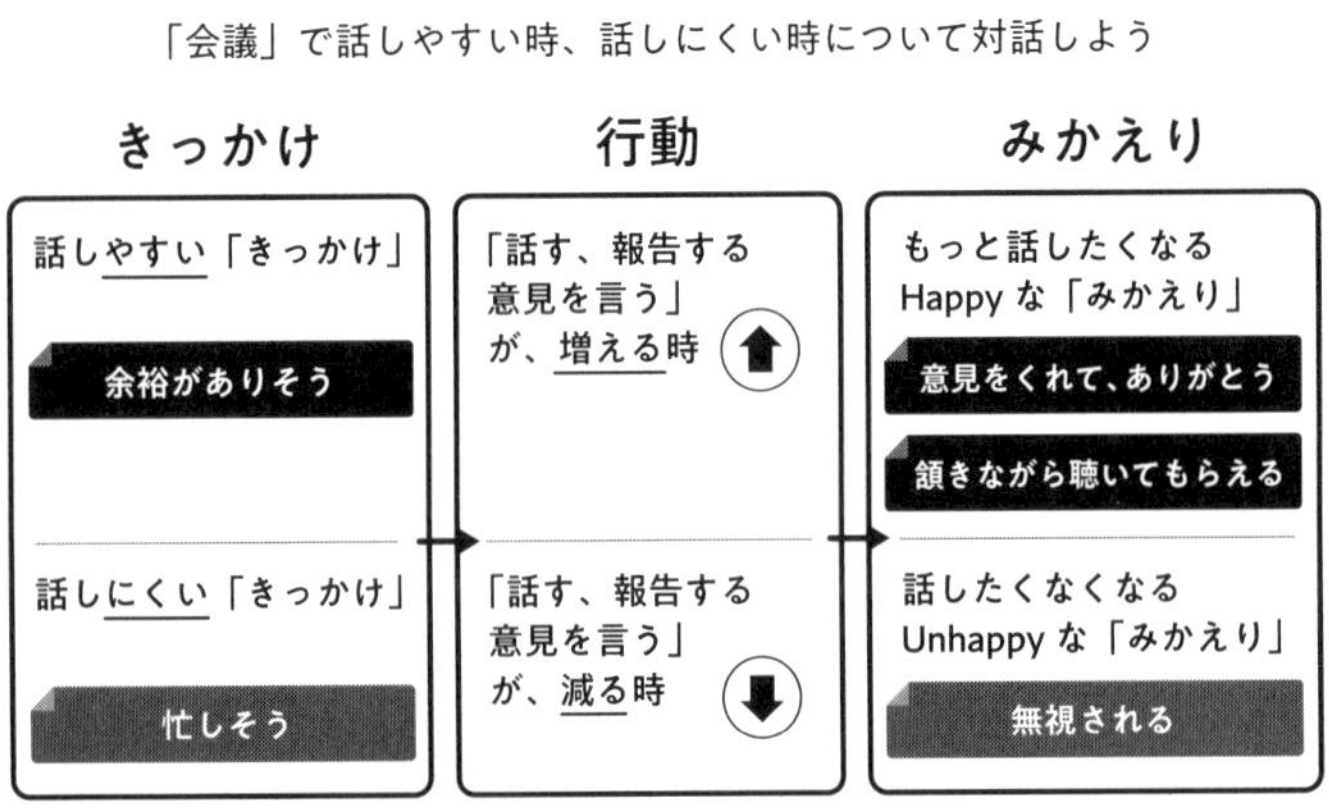
「会議」で話しやすい時、話しにくい時について対話しよう
きっかけ
行動
みかえり
話しやすい「きっかけ」
余裕がありそう
話しにくい「きっかけ」
忙しそう
「話す、報告する意見を言う」が、増える時
「話す、報告する意見を言う」が、減る時
もっと話したくなる Happy な「みかえり」
意見をくれて、ありがとう
頷きながら聴いてもらえる
話したくなくなる Unhappy な「みかえり」
無視される

図 5-3：チーム版行動分析ワークショップ

身が心がけます。もし、私がこの下側の行動を取っていたら、みなさん指摘をお願いします」など、リーダーがコミットメントを示すことも有効でしょう。

価値づけされた行動を見出す　挑新

3章で紹介した「価値づけされた行動」の見つけ方についてお伝えします。はじめに、次の3点の注意点をお伝えします。

①価値づけされた行動は「行動分析」の「行動」

「受け身」「否定」「結果」のように行動でないものを選択しないようにしてください。

あわせて、好きなゲームをする、音楽を聴く、おいしいものを食べるなどは、「みかえり」を求める行動です。そのため、こうした行動は基本的には除外してください（ゲームのジャンルなどには価値行動が紐づいている可能性はあります）。

②判断ではなく、選択しよう

「判断」と「選択」という、二つの考え方を切り分けることが重要です。

判断は、基準を基に選択肢を比較し、最良のもの・最適なものを選ぶことです。理由付けや正当化ができるものです。いわゆる「経営判断」などはこれに当たるでしょう。

一方、選択とは「ただ選ぶ」[6]ことです。理由や正当化など不要です。「好きだから好き」でよいものです。

人生で大切なことは、「判断する」よりも「選択」した方が良い場面があります。

例えば、「人生のパートナーを判断」するなら、よりよい選択肢が出てくるたびに乗り換えることになりますが、そうではないはずです。

そして**「価値行動」も、ただ選択されるもの**なのです。

③すでにあなたは価値行動に生きている

「価値行動」は、「こうしたい」ということを考えてひねり出す必要はありません。

そうではなく、いま現在のあなたが実際に「何をすることに、行動そのものからの「みかえり」を感じるか」を紐とくことが重要です。

誰にも強制されていないときに、自然にやってしまう行動は価値づけされた行動を表現している可能性が高いのです。「あなたはすでに、好きだから好きなものを選択している」のです。

●価値行動を見出す5つの質問

ここからは、ご自身の日々の行動や選択を振り返り、「価値行動」をみつける補助となる質問をします。各10秒程度で**「判断ではなく選択」**してください。質問によっては「なし」という回答でも大丈夫です

Q1 一般的なものより高級品を持ちたい、またはたくさん持っているものは何ですか?

例えば、多くの人は100円のペンや2000円の4色ボールペンがあれば、筆記用具として十分でしょう。しかし、高い万年筆をそれも何本も持っていたら、「万年筆」とここに書いてください。

Q2 この領域の仕事は「任せろ」と言えるような仕事は、どんな仕事ですか？

例えば「完璧に仕上げたい」「責任もってやり遂げたい」領域の仕事です。そういった領域では「不十分な仕事」を見ると、少しイライラさえするかもしれません。

Q3 同じ職種の人や周囲の人と比べて、「相当な量をやっているな」と思える仕事は何ですか？

例えば「毎週数百枚はスライドを作り続けている」とか、こなしている量の違いが明確なものです。

Q4 ついつい、引き受けてしまう役割はありますか？ その中ではどんな行動をとっていますか？

頼まれてもいないのに手を挙げたり、いつも回ってくる役回りと、その中であなたのとっている行動について教えてください。

Q5 あなたが、すでにお金と地位があったら、それでもやり続けたい「みかえりなしで、とれる行動」は何ですか？

Q1－5を見ながら、動詞／動名詞（-ing）を一つ「選択」してください。次の動詞リストを参考にしてもかまいません。

私の価値づけされた行動は＿＿＿＿＿＿＿＿です。

（参考）プレゼンする、質問する、攻略する、料理する、およぐ、走る、投げる、打つ、運転する、戦う、勝負する、企画する、スケジューリング、選択する、準備する、練習する、歌う、投げる、当てる、予想する、モデルをつくる、説明する、撮影する、書く、話を聞く、カウンセリング、コーチング、教える、コンサルティング、調べる、分析する、描く、飲む、ゲームする、立ち上げる、コンセプトをつくる、名づける、デザインする、組織する、眺める、鑑賞する、磨く、記録する、想像する、アレンジする、治す、調整する、指令する、育てる、まとめる、整理する、紹介する、案内する、ガイドする、始める、壊す、隠す、贈る、広げる、撃つ、賭ける、旅をする、登る、訳す、言語化する、検証する、修正する、確認する

あまりピンとこない場合も、一度無理やり動詞を置いてみることが大事です。動詞を置

くと、実際にその行動をとってみて、それで「みかえりがなくても、やり続けたい」かどうかを検証することができます。

さらにもう一つ重要な検証が、「対象の範囲」です。

例えば、「生きる」「体験する」「学ぶ」などは、動詞として意味が広すぎます。人生のすべては生きること、または体験することです。「学ぶ」という動詞も、本当に何でも学ぶわけではなく、学ぶカテゴリに偏りがあるはずです。

その偏りをヒントに、価値行動をもう少し具体・細分化を試してみて下さい。

●メンバーの価値行動を見つける

メンバーの価値行動を見出す際には、心理的安全な環境（つまり、罰や不安、嫌子でコントロールしていない状態）で、いくつかの仕事を任せてみて、自然にやってくる領域の仕事が価値行動に近い領域、自然と遅れがちになる領域の仕事を、価値行動から遠い領域だと考えるとよいでしょう。

チームの中での役割を決める際も「正解のない時代」がキーワードです。

「向いてるか検証を含めて、仕事を渡してみる」「向いてなければ、カジュアルに仕事を剥がす」ようなアプローチが「当たり前になる」ことが望ましいでしょう。

心理的安全性を阻む制度から、育む制度へ 話 助 挑 新

最後に、制度へのアプローチです。組織の制度やルールにアプローチできる読者は限られているかもしれませんが、有効な指針を示しておきたいと思います。原則は、次のとおりです。

1　3章 行動分析の観点からは「やらなかったら罰を与える」制度をやめ、「やったら褒める」制度へ変えるべき
2　望ましくないことを禁止するより、望ましいことをやり続けたくなるように設計する
3　4章「確かにそうやな行動」「そんな気してきた行動」を組み合わせ、ルールや制度の意味意図が伝わり、そのルールを守ることが意味がある状況を作ることが重要です。

ここまででアイデア集は終了です。ぜひここにはないあなた自身のアイデアも実践していってください。そうしたものがどんどんと共有できれば心理的安全な職場やチームが増えてくるはずです。

ケーススタディ

学習するチームになる

これは、筆者の実施する「心理的安全性 認定マネジメント講座」修了生の実例を元に、本質を失わない範囲で業務内容やサービス名等を別のものへ置き換えたものです。

心理的安全性を学んで3ヶ月でチームを改革し、その後も着実にサービスを伸ばした、そのケースについてお伝えします。

修了生の鈴木聡子さん（以下、Sさん）は、大企業の子会社のコールセンター部門のシニア・マネジャーでした。Sさんのチームでは、Sさん直下に4名のマネジャーがいます。そのマネジャーのうちの一人が「チェンジ・イット」というサービスを統括しており、15名の従業員（うち3名の主任、4名の事務スタッフ、8名の受電スタッフ）を抱えるといった布陣です。この「チェンジ・イット」チームは、大手 顧客企業の運営するサービスの、サポートセンター機能を受託しています。

このサービスは、テレビや冷蔵庫、掃除機などの、家電を購入する際、一般の消費者が申し込み、「故障した」という時のために、毎月お金を積み立てておくサービスです。

もちろん故意の破損は保証対象外など、さまざまな利用規約がありますが消費者は「毎月お金は払っているので、修理か新品交換で当然」「どうして対応してもらえないの」などと考えやすく受電対応がマイナスから始まることも多いチームです。

Sさんは、この事業が立ち上がって3年後に着任し、そこから数カ月後「心理的安全性」と出会いました。

「心理的安全性」導入前の課題

Sさんははじめ、ヒアリングによって、次のような課題を見出しました。

- 受電スタッフ、事務スタッフともに、「①話しやすさ」「②助け合い」に課題
- 顧客企業への相談や報告のレベルが3名の主任の性格によって、対応がバラバラ
- チームおよび主任の残業が多く、業務の偏りがある

このような状況から、Sさんは「主任とスタッフ」「Sさんと主任」「3名の主任同士」の心理的安全性についてマネジャーとともに改革を進めはじめました。

「大丈夫」を印刷して、チームの環境から整える

まずは全体に心理的安全性を宣言すべく、導入アイデア集「環境を整える」でも触れた、

- 意見を言っても大丈夫（①話しやすさ）
- 質問しても大丈夫（②助け合い）
- 失敗・間違いを認めても大丈夫（③挑戦）
- 自分らしくいて、大丈夫（④新奇歓迎）

をポスターにして、Sさんは大きくフロアの壁に貼って打ち出しました。

貼るだけではなく、毎朝の朝礼でも、「私たちのチームでは、心理的安全性を大切にします。意見の良いところ取りをして、『いいね』を素直に言えたり、ちゃんと認め合えるチームへ変えていきましょう。だから私達は、間違っても、助けてって言っても大丈夫です」という話を繰り返し伝えました。

少しずつ「大丈夫」がチームの共通言語のようになっていきました。チームの学習をよ

り促進し「意見を言っても大丈夫な場」をつくるべく、Sさんは報告フォーマットの改定という手を打ちました。

主任の心理的柔軟性を上げる

もともとは「免責事項をお伝えしましたか」といった、実施したかどうかを聞いていた報告フォーマットを「免責事項をお伝えして、お客様から反応が返ってきましたか」という質問に変えました。

これにより、受電スタッフが**行動分析の「みかえり＝お客さまの反応」へ接触する確率を上げ**、受電スタッフが「確かにそうやな行動」へと行動を洗練させる助力をすることができます。

さらに「お客さまが仰っていたこと」と「あなたが感じた、もっとお客さまにこう言ってあげられたらと思うこと」という欄を分けて設けました。こうして「事実と意見を区別」でき「**自分の意見を、自由に言っても大丈夫な場所**」をフォーマットで用意したのです。

しかし、フォーマットを変更するだけでは、スタッフの行動は変わりません。「意見を自由に言ってほしい」と考えていることが、本気だと感じてもらう必要がありました。「本気」という心の中のことも、実は「行動」でこそ、示すことができます。

そこで、主任のコメント・フィードバックという行動を変えていくことが大切でした。受電スタッフからの意見をきちんと受け止めていることを示すため、主任は受電スタッフの報告に、必ずコメントを返すという運用にしました。しかし、それだけではなく「意見に対してつい否定してしまう」という行動パターンを変えていくことにしました。

つい正しいかどうか、つまり「いまの規約ではそれは難しいです」と反応しがちな主任に対し、その意見がどう自分たちのビジネスに役に立つかを考える、心理的柔軟性を育みたいと考えました。なぜその意見を書いてきてくれたか、受電スタッフの想いや背景を考えようとする行動様式の導入です。

Sさんが柔軟だったのは、主任にそれを単に指示するのではなく、**Sさんと主任の関係を心理的柔軟なものへと変えるところからスタート**した点です。

シニアマネジャーのSさん自身が、対主任でも心理的安全性を担保するという約束・宣言と、「**自分自身も間違うし、それを認めてもいいのだ**」という自己開示をしました。

「つい私も、自分の経験則で突っ走ってしまって、メンバーを置いてけぼりにしてしまう所があると思っています。そこにストップをかけてくれるのが、主任のみなさんだと思って信頼しています」

「例えば頭ごなしに心理的安全性が大事と言われても、『こっちは忙しいんだよ』と感じているなら、それをそのまま教えて下さい。それぞれの人が感じていることは異なることが当たり前だと思うし、それを私は知りたいのです」


意見を否定されず受け止めてもらえるという体験をした主任が、受電スタッフからの意見についても否定せず受け止める実践ができるようになり、お客さま対応の最前線にいる受電スタッフからの意見が吸い上げられるようになりました。

Sさんと主任の間での心理的安全性を担保し、それが主任－スタッフ間へと伝播していったのです。

「言われた通り行動」から「確かにそうやな行動」へ

社内で意見を言えるようになるだけではなく、受電対応をよりよくすることも重要です。

整備されたマニュアルという「ルール支配行動」は、つい「言われた通り行動」となり、「マニュアル通り対応しているかどうか」が重視され、お客さまの立場や感情がなおざりになってしまいます。これを、お客さまの口調や声のトーン、発言内容に接触しながら柔軟に対応する「確かにそうやな行動」へと切り替えたい。

そこで、つい「サービス提供者」目線になってしまう、この目線を顧客目線へと変えるべく、「その家電が故障したままであることで、どれだけお客さま（消費者）が困るだろうか」を想像してもらうことにしました。炊飯器や冷蔵庫が一週間も壊れたままだと、どんな気持ちになるかを想像してもらったのです。

このことで自分たちの介在価値は、

- お客さま（消費者）に対しては、状況を的確に理解し、不安を受け止め、納得いただける提案をすること
- 顧客企業に対しては、ブランドの伝道師として製品の魅力をお客さまに伝え、それに対するお客さまの生の声をフィードバックできること

というように、**チームで「大切なこと」を確認する**ことにも繋がりました。

このような実践をスタートし、受電対応のクオリティが向上しました。施策初月から「お客さま相談室」に寄せられる受電対応のクレームがゼロとなり、ヒアリングを行った

施策実施半年後までも、ゼロをキープしていました。

主任同士のチーミング

残った手をいれるべき課題が、業務のA主任、コミュニケーションのB主任、専門家のC主任。それぞれ持ち味の違う3人の主任同士の、心理的安全性の構築でした。

C主任は、専門家的で、頭もよいのですがコミュニケーションはあまり取らないタイプです。自分自身が業務の海に溺れてしまい、部下が助けてほしい時にも気づいてあげられない・助けてあげられない、といった課題がありました。また、自分自身が助けて欲しい時も、それを言えず、自分でなんとか勉強して解決を試みるというタイプでした。

Sさんは、この周りから近づき難いと思われていた専門家のC主任が、「主任チーム」の心理的安全性の起点となってほしいと考えました。

そこでSさんが全主任を対象に実施したのが **導入アイデア集「感謝から始める」**に記載した「**感謝を思い出し、伝えてみる**」というプロセスです。

C主任は、あまり感謝すべきものが思いつかないようで、はじめは難航しました。対象を業務からプライベートにも広げたところ「結婚の際、相手のご両親から『いいよ』と言っていただいた時、ほっとした」「結婚式、色んな人が来てくれてありがたかった」という発言が出たので、そこから**導入アイデア集「当たり前」から「有り難い」へ**に記載のある**「何かが自分の手元へ来るまでに関わったのネットワークに思いをはせる」を応用してみる**ことにしました。

お客さま（消費者）、顧客企業、メンバー、サービスの対象となるプロダクトを作ってくれたメーカー、たくさんの人と関わり合って、この仕事が成り立っていることに、想いをはせてもらいました。

そして、たくさんの人が関わるからこそ「チーム」として、意見を言い合い、健全に衝突し、助け合うことが大事だと話しました。

これら「チームの中の一員」という認識を前提として、Sさんは、専門家C主任が「不安への対処」ではなく「大切なことへ向かっていける」ように、その才能をチームと接続しようとしました。

「イヤな気持ち」への対処をやめ、才能とチームの成果を接続する

C主任には、チームメンバーや他の主任から教えを請われた時「ちゃんと自分で勉強す

べきだ」と考える癖がありました。一方で、C主任自身が、他者へ助けを求め教えを請うのも苦手でした。**他人への「こうしなければならない」という制約が自分自身をも縛っていた**のです。

Sさんは「チームの一員として、もちろん最低限抑えるべきスキルはあるかもしれないが、全員がC主任のような専門性を身につけることを目指すより、一定ラインを越えたら、お互いの持ち味を活かしたり、自分の得意で他を助けるのが重要」だと説いた上で、C主任の「イヤな気持ちを避ける」傾向に切り込んでいきました。

「ポスターで貼ってある『大丈夫』のうち、どれが一番怖い？」と聞いていきました。

C主任は「間違ったことを言うのが怖い」「質問する、知らないって言うのが怖い」と言います。そこで、Sさんはこう諭します。

「間違ったっていいんですよ。誰でも最初は間違うし、間違った後、直していけばいいんですよ。知らないことも、『初めてのことだから調べるね』って言えば大丈夫。初めてのことなのに知ってたら、そっちの方がびっくりするよ」

一方、C主任の得意なものは「自分が正解を知ってるものの意見を言うのは楽です」と言います。Sさんはさらに、「結論だけではなく、理由＋結論まであると、みんなに分かってもらえるよ。あなたは頭がいいからすぐ、結論が見えるんだと思うけれど、みんなは、あなたが何でそう考えるか分からないから、もったいないよ」「考えていることは理由＋結論で、感謝も理由＋感謝で伝えると、もっと伝わるよ。むしろCさんは得意だと思うよ」と伝えました。

こうやって、自分で考えてもらったり、ちょっとしたワークを通じて体験してもらったり、言葉のきっかけで期待を伝え行動を促したり、チームへのさまざまな働きかけをSさんはしていきました。もちろん、実際に望ましい行動がとられた時、「みかえり」として「理由＋感謝」を伝えることも忘れません。

主任同士の連携が取れるようになり、得意で戦い、苦手を助けてもらえるようになったことで、主任の残業が25％削減できました。チーム全体でも月１４０時間あった残業が、33時間へと削減できたといいます。

「心理的安全性」に目を向けた効果

最後に、Sさんに、この改革を通じて実感した「心理的安全性」へ着目する効果と、導入のポイントについて伺いました。

はじめに実感したのが、**不安や罰で「言うことをきかせる」「やらせる」よりもチームの成長が速く、スピード感をもってさまざまな施策を進められた**、ということだそうです。

スタッフ同士、主任同士、そして主任からマネジャーへの相談や改善提案が自然と出てくるようになり、「いまなにやってる？」「手伝えることある？」「分担してもらえる？」という声がけがスムーズにできるようになり、まさに「チーム」として前に進むことができている実感があるといいます。

導入のポイントは、上から押し付けるのではなく、心理的安全性の目的である「学習できるチーム」を目指すことでした。

一人一人のスタッフ・主任が、「試してみて、学ぶ」ことや、その「行動→学習」を促す声掛けやフォーマットやトレーニングの実施を重視し、さらには、主任直属の上司であるマネジャーも、Sさんの「仲間」として、日々の現場で心理的柔軟性を発揮し、ブレなく行動し続けてくれたことが、導入の要諦だったとSさんは結論づけています。

まとめ

Sさんのチームは顧客からは単なる「外注先」という位置づけではなく、サービスの使われ方を最前線でモニタリングできる、無くてはならないパートナー企業として位置づけられるようになりました。

コールセンター業務は、通常マニュアルが整備されており、一般に「正解がある」仕事だと思われがちです。つまり「これまでの仕事」「これからの仕事」の分類の中で、「これまで寄り」だと考えられがちな仕事の一つではないでしょうか。

それでも、Sさん自身が心理的柔軟なリーダーシップを発揮し「4つの因子」に紐づく行動を工夫し、チームに心理的安全性をもたらすことで、チームの残業カルチャーや、相談できない雰囲気を変え、果ては**顧客企業との関係という「構造・環境」までをわずか3ヶ月で変えることができた**ことは、大きな希望ではないでしょうか。

本書を片手に、柔軟な試行錯誤を通じて、次はあなたが、組織・チームに心理的安全性をもたらす番です。

おわりに

最後までお読みくださり、ありがとうございます。

本書があなたと、あなたの周りの人を輝かせるガイドとならんことを、願っています。

チームで仕事をするということについて、私自身、たくさんの失敗をしてきました。

たとえば、成果や業績が調子の良いときは発言できるけれど、失敗が続いたり調子が悪いときは話しづらくなってしまったこともあります。役員やマネジャーという立場では、「助けを求めてはいけない」「自分一人で何とかしないといけない」と思い込んで、自分の弱さを隠すために何でもできるフリすらしたこともありました。本書で書いてきたこととは、真逆のマネジメントもやらかしました。メンバーの行動が変わらないことに、「なぜ、何度言っても、変わらないんだ」と怒りを憶えたことも、一度や二度ではありません。

しかし、そういった一つ一つの「うまくいかない」現実が、私に行動を変えるチャンスをくれたのです。うまくいかないことを悩み、師匠や上司、お客さまやメンバー、書籍や論文にあたり、やり方を変え、もがきながらもプロジェクトを前に進めてきました。

幸い、プロジェクトマネジャーとしてのビジネスの実践の場と、心理学・行動科学の研究者として人や組織に関する知見を入手し探求する、二つの場がありました。

そうして、不安・罰・そして立場で人を動かそうというのではなく、好子・大切なこと・価値行動で、メンバーとともに仕事を前に進めるようになって、ずいぶんと楽になりました。無駄に感情を疲弊させることもなく、気負いもなく、自分自身の「説明する・プロセスをつくる・分析する」という価値づけされた行動に集中し、その場所で輝き、自分では出来ないことがあるからこそ、敬意を持って周囲に助けを求められるようになりました。

本書は、組織・チームに心理的安全性をつくるための本です。そのための、心理的柔軟なリーダーシップを育む本です。読者の一人一人が、心理的柔軟なリーダーシップを発揮して、一つ一つのチームを心理的安全なものに変えていったとしたら、組織・チームに今は眠っている、多様な才能がもっと輝き、人々が充実感とともに成果が出せるようになると信じています。

この日本社会にある一つ一つの会社・組織が心理的安全に変わり、意義ある仕事を通じて輝く大人が増え、幸せな社会が実現できる一助となることを願って、本書の締めくくりとしたいと思います。

２０２０年8月　石井遼介

謝辞

本書は、これまで私と共に仕事・プロジェクト・研究をしてくださった、会社やお取引先、パートナー企業のみなさまとの、一つ一つの経験のおかげで出来ています。心理的安全性認定マネジメント講座を受講・卒業されたみなさまには、本書のさまざまなノウハウを自らの組織で実践・フィードバックをいただき、また本書に記載した、現場で実績のあるノウハウを生み出していただきました。

特に、株式会社ZENTech、ファウンダーの島津清彦さん、代表取締役社長の金 亨哲さん、アドバイザーのハンズオン東京 顧問 大久保 奈美さん、同じくアドバイザーで、カルビー株式会社 常務執行役員も務められる武田雅子さん、監査役の岡田大士郎さん、萩原寛之さん、望月真衣さん、原田将嗣さんをはじめ、ZENTechで共に仕事をするみなさまとは、心理的安全なチーム作りの実践ができ、嬉しく思います。

慶應義塾大学システムデザイン・マネジメント研究科 前野隆司教授、Mindset, inc. 李英俊社長、日本認知科学研究所 代表理事の志村祥瑚さんには、公私共にご指導いただき、またお世話になりました。立命館大学 谷晋二教授、同志社大学 武藤崇教授、早稲田大学 熊野宏昭教授、大月友准教授には、ACTについて多くをご教示いただきました。ハーバード大学Amy C. Edmondson教授には、書籍・論文をはじめ、心理的安全性について広く知見を共有いただき、またダイバーシティに関連する記事の翻訳許可をいただき、ありがとうございました。

Unipos株式会社 代表取締役 斉藤 知明さん、オムロン株式会社 竹林一さん、元ラグビー日本代表キャプテン 廣瀬俊朗さん、楽天大学学長 仲山進也さんをはじめ、共に心理的安全性のイベントにご登壇いただいたみなさま、その幅広い実践知を共有くださり、ありがとうございました。面白文章倶楽部、特に主宰のふろむださんをはじめ、SNSでフィードバックを下さった皆様、本書改善に貢献いただいた、鈴木聡子さん、内科医の細田麻奈先生、経営学者の木川大輔先生、千先拓志さん、黒澤康子さん、石井琴葉さんに感謝申し上げます。

本書の表紙をデザインしていただいたkrranの西垂水敦さん・市川さつきさん、イラストレーターの須山奈津希さん、組版していただいた次葉合同会社の玉造さん、図版をつくるとともにZENTech社でもクリエイティブ・ディレクターを務めるタルマユウキさん、ありがとうございました。特に日本能率協会マネジメントセンターの編集者の山地淳さんには、企画段階から一年の長きにわたる執筆を粘り強く並走いただき、終盤は毎日オンライン会議で原稿を最良のものへとブラッシュアップしていただきました。みなさまのおかげで、本書を生むことができました。

本書を印刷していただくシナノ書籍印刷株式会社のみなさま、書店やオンラインストアへの配本に関わるみなさま、書店・ストアで陳列・販売していただく書店員のみなさま、掲載いただくメディアのみなさまをはじめ、本書に関わるすべてのみなさまと、その同僚・家族のみなさま、ありがとうございます。

そして、なにより本書を手にとっていただいているあなたへ、御礼申しあげます。

引用・参考文献一覧

はじめに

1――Google re:Work「効果的なチームとは何か」を知る

2――Edmondson, A. C., & Lei, Z. (2014). Psychological safety: The history, renaissance, and future of an interpersonal construct. Annu. Rev. Organ. Psychol. Organ. Behav., 1(1), 23-43.

3――Tucker, A. L., Nembhard, I. M., & Edmondson, A. C. (2007). Implementing new practices: An empirical study of organizational learning in hospital intensive care units. Management science, 53(6), 894-907.

4――Volatility, Uncertainty, Complexity and Ambiguityの略。「変動性・不確実性・複雑性・曖昧性」

5――Wikipedia「フォルクスワーゲン・タイプ1」「フォード・モデルT」より

6――Edmondson, A. C. (2012). Teaming: How organizations learn, innovate, and compete in the knowledge economy. John Wiley & Sons. を一部参考にした

1章

1――"a shared belief held by members of a team that the team is safe for interpersonal risk taking." Edmondson, A. (1999). Psychological safety and learning behavior in work teams. Administrative science quarterly, 44(2), 350 － 383.

2――「チームの」心理的安全性はエドモンドソンが打ち立てたが「(組織の)心理的安全性」というコンセプトは、エドガー・シャイン、ウォレン・ベニスが1965年に打ち出した。Schein, E. H., & Bennis, W. G. (1965). Personal and organizational change through group methods: The laboratory approach. New York: Wiley.

3,5――Edmondson, A. C. (2012). Teaming: How organizations learn, innovate, and compete in the knowledge economy. John Wiley & Sons.

4――Osterman, P. (1994). How common is workplace transformation and who adopts it?. ILR Review, 47(2), 173 － 188.

6――Youngjun Lee , CEO, Mindset., Inc.

7――エイミー .C.エドモンドソン, & 野津智子(翻訳). (2014). チームが機能するとはどういうことか:「学習力」と「実行力」を高める実践アプローチ. 英治出版. より一部改変

8――De Dreu, C. K., & Weingart, L. R. (2003). Task versus relationship conflict, team performance, and team member satisfaction: a meta-analysis. Journal of applied Psychology, 88(4), 741.

9――De Wit, F. R., Greer, L. L., & Jehn, K. A. (2012). The paradox of intragroup conflict: a meta-analysis. Journal of applied psychology, 97(2), 360.

10――Bradley, B. H., Postlethwaite, B. E., Klotz, A. C., Hamdani, M. R., & Brown, K. G. (2012). Reaping the benefits of task conflict in teams: The critical role of team psychological safety climate. Journal of Applied Psychology, 97(1), 151.

11――Edmondson, A. (1999). Psychological safety and learning behavior in work teams. Administrative science quarterly, 44(2), 350 － 383.

12――ガイド:「効果的なチームとは何か」を知る - Google re:Work

13, 15,16,17—Edmondson, A. C., & Lei, Z. (2014). Psychological safety: The history, renaissance, and future of an interpersonal construct. Annu. Rev. Organ. Psychol. Organ. Behav., 1(1), 23-43.

14——Carmeli, A., & Gittell, J. H. (2009). High − quality relationships, psychological safety, and learning from failures in work organizations. Journal of Organizational Behavior: The International Journal of Industrial, Occupational and Organizational Psychology and Behavior, 30(6), 709-729.

18——Frazier, M. L., Fainshmidt, S., Klinger, R. L., Pezeshkan, A., & Vracheva, V. (2017). Psychological safety: A meta − analytic review and extension. Personnel Psychology, 70(1), 113-165.

19——Schaubroeck, J., Lam, S. S., & Peng, A. C. (2011). Cognition-based and affect-based trust as mediators of leader behavior influences on team performance. Journal of Applied Psychology, 96(4), 863.

20——自己報告式・主観式アンケート(PRO)の医療分野における国際標準. https://www.cosmin.nl/

21——Edmondson, A. (1999). Psychological safety and learning behavior in work teams. Administrative science quarterly, 44(2), 350-383. 以下エドモンドソン版の説明は上記から

22——専門的には、mean+sd > スコア上限を天井効果という

23——「持続可能な開発目標（SDGs）達成に向けて日本が果たす役割」令和２年６月 外務省 国際協力局 地球規模課題総括課 作成

24——Williams, J., Dempsey, R., & SLAUGHTER, A. (2014). What Works for Women at Work: Four Patterns Working Women Need to Know. NYU Press. Retrieved July 25, 2020, from www.jstor.org/stable/j.ctt9qgbd2

2章

1——Oxford Advanced American Dictionaryより -ship suffix (1)the state or quality of [ownership, friendship], (2) the status or office of [citizenship], (3) skill or ability as [musicianship], (4) the group of [membership]

2——Bass, B. M., & Bass, R. (2009). The Bass handbook of leadership: Theory, research, and managerial applications. Simon and Schuster. より意訳

3, 6——入山章栄.(2019). 世界標準の経営理論. ダイヤモンド社. を参考に整理

4——Schaubroeck, J., Lam, S. S., & Peng, A. C. (2011). Cognition-based and affect-based trust as mediators of leader beohavior influences on team performance. Journal of Applied Psychology, 96(4), 863.

5——ロバート キーガン (著), リサ ラスコウ レイヒー（著）, 中土井 僚（監修）, 池村 千秋（翻訳）. (2017). なぜ弱さを見せあえる組織が強いのか——すべての人が自己変革に取り組む「発達指向型組織」をつくる.

7——ケネス・J・ガーゲン (著), メアリー・ガーゲン (著), 伊藤 守 (監修, 翻訳), 二宮 美樹 (翻訳)『現実はいつも対話から生まれる-社会構成主義入門』(2018)

8——Acceptance and Commitment TherapyまたはTrainingの略称。心理的柔軟性/ACTについては、
Luoma, J. B., Hayes, S. C., Walser, R. D., 熊野宏昭, 高橋史, & 武藤崇. (2009). ACT (アクト)(アクセプタンス & コミットメント・セラピー) をまなぶ—セラピストのための機能的な臨床スキル・トレーニング・マニュアル.

ヘイズ・ストローサル・ウイルソン. (2012). 武藤 崇ほか監訳 (2014) アクセプタンス & コミットメント・セラピー (ACT): マインドフルな変化のためのプロセスと実践.
熊野宏昭. (2012). 新世代の認知行動療法. 日本評論社.
三田村仰. (2017). はじめてまなぶ行動療法. 金剛出版
などを幅広く参照した。

9———もう少し詳しく知りたい方はトールネケ, N.（著）武藤崇・熊野宏昭（監訳）. (2013). 関係フレーム理論(RFT)をまなぶ：言語行動理論・ACT 入門. 星和書店. などを参照してみてください。

10———エイミー , & 野津智子. (2014). チームが機能するとはどういうことか:「学習力」と「実行力」を高める実践アプローチ. 英治出版.

11———Schein, E. H. (1985). Organizational culture and leadership San Francisco. San Francisco: Jossey-Basss.

12———アメリカの神学者ラインホルド・ニーバーの静穏の祈り「神よ、変えることのできないものを静穏に受け入れる力を与えてください。変えるべきものを変える勇気を、そして、変えられないものと変えるべきものを区別する賢さを与えて下さい」とも似ていますね。

13———専門的には「認知的フュージョン」と言います

14———Hayes, S. C., Strosahl, K. D., & Wilson, K. G.（2009）. Acceptance and commitment therapy. Washington, DC: American Psychological Association. ほか多数

15———“You play with the cards you're dealt …whatever that means.”, チャールズ M シュルツ, 谷川 俊太郎(翻訳). (1995). スヌーピーのもっと気楽に(2)のんびりがいい.株式会社朝日新聞出版

16———ヴイクトール・フランクル. (1951). 夜と霧. フランクル著作集第一巻.(みすず書房 1971年), 196.

17———英語だとCreative Hopelessnessと言います。

18———谷 晋二. ほか.(2020). 言語と行動の心理学. pp121

19———Youngjun Lee. (2020)., Mindset code.

20———Kabat-Zinn, J.（1990）. Full Catastrophe Living: Using the Wisdom of your Body and Mind to Face Stress, Pain, and Illness.

21———熊野宏昭.（2011）. マインドフルネスそして ACT へ: 二十一世紀の自分探しプロジェクトアクセプタンス & コミットメント・セラピー . 星和書店. より要約

22———Wilson, K. G.（2014）. The ACT Matrix: A new approach to building psychological flexibility across settings and populations. New Harbinger Publications. より、用語などを本書向けに整理. 著者は本書の第10章の日本語翻訳を担当.(2020年刊行予定)

3章

1———Skinner, B. F.（1931）. The concept of the reflex in the description of behavior. The Journal of General Psychology,5（4）, 427-458.

2———Skinner, B. F.（1938）. The behavior of organisms: an experimental analysis.

3———行動分析の分野では、引用文献以外にも
ランメロ・トールネケ. 武藤 崇・米山直樹訳 (2009) 臨床行動分析の ABC.
アルバート・トルートマン. 佐久間徹・谷晋二監訳 (2004) はじめての応用行動分析. 日本語版第 2 版. 二瓶社.
などを幅広く参照した

4——専門的には「先行刺激/Antecedent stimulus」という。

5——専門的にはオペラントと呼ばれる。同じ「瞬き」でも、自ら「自発した行動」として目を瞬かせる場合は行動、風が吹いてきて反射として目を閉じる場合は、行動ではない(レスポンデント行動)、という分類を本書ではする。不安感情が湧いてくる、なども、オペラントではなく「きっかけ」「みかえり」にまとめる

6——専門的には「結果/Consequence」という。

7——Skinner, B. F.（1990）. The non-punitive society. Japanese Journal of Behavior Analysis, 5（2）, 87-106.

8——島宗理, 吉野俊彦, 大久保賢一, 奥田健次, 杉山尚子, 中島定彦, ... & 山本央子.（2015）. 日本行動分析学会「体罰」に反対する声明. 行動分析学研究, 29（2）, 96-107.

9——大河内浩人, 松本明生, 桑原正修, 柴崎全弘, & 高橋美保.（2006）. 報酬は内発的動機づけを低めるのか. 大阪教育大学紀要. IV, 教育科学, 54（2）, 115-123.

10——三田村仰.（2017）. はじめてまなぶ行動療法. 金剛出版.

11——少し専門的ですが、このように、どのような「きっかけ」あるいは「文脈」で、その行動が起きているのかを見分けることを「弁別」と言ったりもします。

12——このように自分自身に気づいていること、つまりマインドフルネス的な身体感覚が弱いと、実際に身体が感じている満足やフィードバックを無視して「私は正しいルールに従えている」という形式の満足感で行動のループが回ったりします。

13——厳密には、日常的に使う「罰」と、行動分析で言う「嫌子出現」は異なります。専門的に学びたい方へは「臨床行動分析のABC」などが名著です。

14——C. Fishman, “No Satisfaction at Toyota,” Fast Company 111 (2006): 82. 日本語訳は「チームが機能するとはどういうことか」を参考

15——https://www.kickbox.org/

16——濱口 秀司さんの「SHIFT：イノベーションの作法」が著者の知る限り最も優れたイノベーション本です. 本書ではイノベーションやディスカッションの中身等には触れていませんが「単にディスカッションしてもダメ」ということが分かります。

17——くらたまなぶ. (2003) MBAコースでは教えない「創刊男」の仕事術. 日本経済新聞出版. より著者要約

18——Cable, D., Gino, F., & Staats, B. (2015). The Powerful Way Onboarding Can Encourage Authenticity. Harvard Business Review Digital Articles, 2-5. 日本語訳はハーバード・ビジネス・レビュー編集部 (2019). オーセンティック・リーダーシップ. ダイヤモンド社 第5章

19——Seppala, E. (2014). The hard data on being a nice boss. Harvard Business Review.「厳しい上司と親切な上司、どちらが成果につながるか」

20——杉山尚子, 島宗理, 佐藤方哉, & マロット・マロット.（1998）. 行動分析学入門

21——矢野和男.（2020）.「毎日1分の威力」https://comemo.nikkei.com/n/n635b0acfa3b4note

4章

1——ここで「動物行動」と呼ぶものは、行動分析学では正式には「随伴性形成行動」と呼ばれます

2——ここで「言語行動」と呼ぶものは、正式には「ルール支配行動」と呼ばれます

3——Harari, Y. N. (2014). Sapiens: A brief history of humankind. Random House.

4——関係フレーム理論：Relational Frame Theory については、
トールネケ, N.（著）武藤崇・熊野宏昭（監訳）. (2013). 関係フレーム理論(RFT)をまなぶ：言語行動理論・ACT 入門. 星和書店.
谷 晋二. ほか.(2020). 言語と行動の心理学
などを幅広く参照した。

5——関係フレーム理論でいう「プライアンス(pliance)」のこと

6——関係フレーム理論でいう「トラッキング(tracking)」のこと

7——関係フレーム理論でいう「オーグメンティング(augmenting)」のこと

8——関係フレーム理論では、もともと強化／弱化機能を持たない「みかえり」に、新たに強化／弱化子としての機能を新たに確立させる形成オーグメンタル(formative augmentals)と、既に強化／弱化子としての機能が確立している「みかえり」の強化／弱化機能を変える動機づけオーグメンタル(motivative augmentals)があるが、その区別には本書では深入りしない。

9——Malott, R. W. (1989). The achievement of evasive goals. In Rule-governed behavior (pp. 269-322). Springer, Boston, MA.

10——長谷川芳典. (2015). スキナー以後の心理学 (23) 言語行動, ルール支配行動, 関係フレーム理論. 岡山大学文学部紀要, 64, 1-30. より事例を引用・改変した

11——「ソニーの法則」（小学館文庫. 片山修著）

5章

1——日本の人事部 HR テクノロジーカンファレンス2020「"組織変革を阻む3つの溝"を解消し、事業成長を加速させる心理的安全性の高め方」

2——大成弘子 (2019), Thank you communication network in organization 感謝ネットワークからみる組織のコミュニケーションの形

3——矢野和男. (2020).「毎日1分の威力」https://comemo.nikkei.com/n/n635b0acfa3b4 note
() 内は筆者補足

4——令和元年8月 金融行政のこれまでの実践と今後の方針（令和元年度事務）について「利用者を中心とした 新時代の金融サービス」https://www.fsa.go.jp/news/r1/190828_summary.pdf

5——Peters, T. J. (1999). The Project50: Or, Fifty Ways to Transform Every "Task" Into a Project That Matters. Alfred a Knopf Incorporated. 邦題「トム・ピーターズのサラリーマン大逆襲作戦〈2〉セクシープロジェクトで差をつけろ!」仁平 和夫（翻訳）

6——Luoma, J. B., Hayes, S. C., & Walser, R. D. (2007). Learning ACT: An acceptance & commitment therapy skills-training manual for therapists. New Harbinger Publications.

付録

組織診断サーベイと対話

『SAFETY ZONE®』という、チームの心理的安全性を計測するためのWebサービスがあります。

筆者が所属する株式会社ZENTechで開発したこのサービスは、本書執筆時点で国内唯一の心理的安全性「4つの因子」が計測できるサービスです。

この本をご購入いただいた方には、20名までなら無料で1回、SAFETY ZONE®【読者特典 無料版】を利用して、心理的安全性を計測することができます。(利用条件等は、最新の特設サイトに掲載するものを参照ください)。

ここでは【読者特典 無料版】を下敷きに、組織診断サーベイを結果を組織をよりよくするための「対話」の題材にする際の視点をお伝えします。基本的には「差」を見つけ、紐解いていくことが重要ですが、特に「チーム差」「業務・裁量（組織・職種・役職）による差」「多様性に関する差」の3つの視点で差を見つめるとよいでしょう。

視点1 チーム差

フラットに、チーム同士で比べて、何が違うのか、スコアが高いチームは何が良いのかを掘り下げます。例えば、著者のクライアントにおいては、診断結果を元にクライアントのマネジャー同士でディスカッションしました。就任直後で心理的安全性が比較的低いチームのマネジャーが、高いチームのマネジャーに「普段の声掛けなどで気をつけていること」をヒアリングするようなシーンもありました。

同じ部署内でのチームの差を見る（例えば、営業1課と営業2課）だけではなく、「組織・チーム名と矛盾する結果」になってないかを見てみることも重要です。

例えば、①話しやすさの低い「品質保証課」、②助け合いの低い「看護チーム」③挑戦の低い「イノベーション室」、④新奇歓迎の低い「ダイバーシティ推進室」のようになっていたら、何かがうまくいっていないと考えられるでしょう。

視点2 業務・裁量による差（組織・職種・役職間）の差

これは、組織間や職種間でどのくらい差があるかを見る、という視点です。

営業と技術、人事、総務、法務など、組織が違うことによる平均の差が、裁量や業務内容などの、構造的問題を越えて存在していないかを見ることが重要です。

例えば、裁量が低いと、①話しやすさ、③挑戦が減る傾向にありますが、それにつられて「②助け合い」まで低くなっている場合、何が起きているかを把握することが重要でしょう。

心理的安全性のスコア自体だけではなく、チーム内格差も重要です。格差が大きい場合、例えばエース営業マンは成果を出しているので、発言権がその分大きく、その他のメンバーは……という体制になってしまっているのかもしれません。

さらに、役職が上がれば上がるほど裁量も増えますから、心理的安全性は向上する傾向にあります。一方、組織によっては課長、主任などのミドル・マネジャーの心理的安全性が一般社員よりも低くなるケースがあります。業務が集中しており、負荷が掛かっていたり、上司と部下の板挟みになっている、部下・メンバーに「助けて」が言えない状況になっているなどの理由が考えられます。

視点3 多様性（雇用種別、男女、etc）に関する差

多様な属性（雇用種別、男女、年代、etc）のメンバーが、どの属性であっても、率直に意見が言えることは、ダイバーシティ&インクルージョンの観点でも重要です。ある属性のみが、心理的安全性が低い場合、その人たちの声をこちらから聞きに行く、対話するといったアクションも必要でしょう。

比較の仕方ですが、少人数の属性グループを比較する場合は、心理的安全性は役職に影響を受けることも多いため、役職を揃えた上で比較するのが望ましいでしょう。

以上、対話・分析のための3つの視点を紹介しました。

あわせて、このように組織診断を対話・改善につなげる際、以下のような実施・フィードバックの工夫をするとよいでしょう。

- 自由記述欄を設ける。この場も意見を言える場所にすること。
- サーベイの概要を受検者に伝え、できるだけ受検者全員に結果を可視化・明示する
- フィードバックの際に、「みなさんには問題があります」という観点から話すのではなく、チームをより良くするための題材という見方で話す
- 良いチームを深堀りし、行っている工夫などを、事例として社内に展開する

「心理的安全性のつくりかた」特設サイト（https://zentech.jp/book/）では、このSAFETY ZONE®【読者特典 無料版】だけではなく「心理的柔軟性を身につけるACT MATRIXビデオ」「心理的安全性の4因子 ポスター印刷用データ」をはじめ、今後もあなたが心理的安全性を組織に広めるために役立つ、様々な情報を提供していきます。

ぜひ一度、アクセスをしてみてください！

読者特典

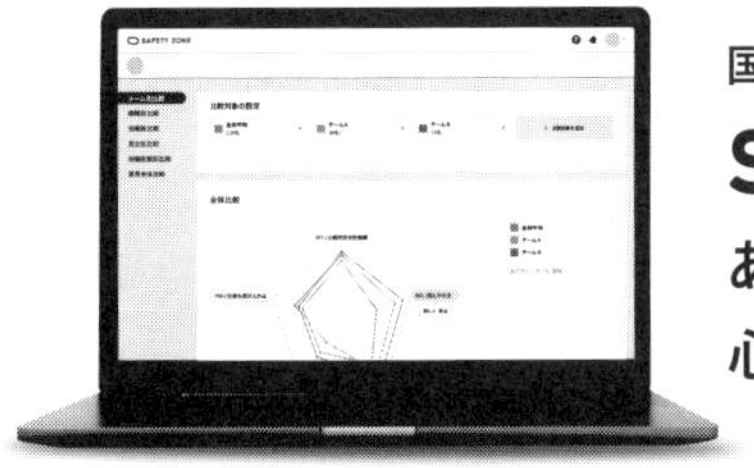

国内唯一の「心理的安全性サーベイ」
SAFETY ZONE®で
あなたのチームの
心理的安全性が計測できる。

特典１　心理的安全性サーベイSAFETY ZONEで
２０人以下のチームの心理的安全性を無料で計測

特典２　心理的柔軟性を身につけるACT MATRIXビデオ講座

特典３　心理的安全性４因子ポスターの印刷用データ

アクセスはこちらから
http://zentech.jp/book/

注意点

・SAFETY ZONE では、チームメンバーのメールアドレス、氏名、連絡先などの個人情報を入力し、手続きを行います

・SAFETY ZONE では、サービス内容の改善などにより、診断方法が変更になることがあります

・読者特典は事前の通告なしにサービスを中止することがあります

心理的安全性サーベイSAFETY ZONE®とは

SAFETY ZONEは、2018年に大幅にアップデートされた、自己報告式・主観式アンケート（PRO）の医療分野に於ける国際標準である、Updated COSMIN* を参照し開発している、国内唯一の心理的安全性計測が行えるサービスです。
シンプルで回答しやすい心理的安全性の質問を通じ、統計分析と科学的根拠に基づいてチームの心理的安全性を可視化します。

著者プロフィール

石井 遼介（いしいりょうすけ）

株式会社ZENTech 代表取締役
一般社団法人 日本認知科学研究所理事
慶應義塾大学 システムデザイン・マネジメント研究科 研究員

東京大学工学部卒。
シンガポール国立大 経営学修士（MBA）。
神戸市出身。
研究者、データサイエンティスト、プロジェクトマネジャー。

組織・チーム・個人のパフォーマンスを研究し、アカデミアの知見とビジネス現場の橋渡しを行う。心理的安全性の計測尺度・組織診断サーベイを開発すると共に、ビジネス領域、スポーツ領域で成果の出るチーム構築を推進。2017年より日本オリンピック委員会より委嘱され、オリンピック医・科学スタッフも務めた。

心理的安全性のつくりかた

「心理的柔軟性」が困難を乗り越えるチームに変える

2020年　9月10日　初版第1刷発行
2022年　11月25日　　第28刷発行

著　者──石井遼介

発行者──張 士洛
発行所──日本能率協会マネジメントセンター
〒103-6009　東京都中央区日本橋2-7-1　東京日本橋タワー
TEL　03（6362）4339（編集）／03（6362）4558（販売）
FAX　03（3272）8128（編集）／03（3272）8127（販売）
https://www.jmam.co.jp/

装丁──────────西垣水敦、市川さつき（krran）
本文DTP─────────次葉
イラスト─────────須山奈津希（ぽるか）
図版──────────タルマユウキ（Order Design Studio）
印刷──────────シナノ書籍印刷株式会社
製本所─────────ナショナル製本協同組合

ISBN 978-4-8207-2824-5　C2034
落丁・乱丁はおとりかえします。
PRINTED IN JAPAN

JMAM の本

ザッソウ

結果を出すチームの習慣

倉貫 義人 著

四六判　226頁

ホウレンソウだけでは、チームのコミュニケーションが機能しなくなってきています。コミュニケーションがとれる場を、チームとして継続的に設けることが必要なのです。
それはチームにおけるコミュニケーションのあり方を「ホウレンソウ」のステージから「ザッソウ（雑談・相談）」に上げる、ということです。「ザッソウ」を通して、メンバー同士が何を考え、何を感じているのかを共有し、言いたいことを言い合える信頼関係をつくる。それはチームに心理的安全をもたらし、やる気を高めることにもつながります。